黒澤　満

核軍縮入門

信山社

はしがき

　オバマ大統領は，2009年4月の歴史的なプラハ演説において，「米国は，核兵器国として，また核兵器を使用した唯一の国として行動する道義的責任がある」と述べ，「今日私は，核兵器のない世界における平和と安全を追求するという米国の約束を，明確にかつ確信をもって表明する」と述べた。

　また2010年5月の核不拡散条約(NPT)再検討会議は，「すべての国は，核兵器のない世界を達成するという目的に完全に一致した政策を追求する」こと，および「核兵器国はすべてのタイプの核兵器を削減し究極的に廃棄するために一層の努力を行う」ことなどを含む最終文書をコンセンサスで採択した。

　さらに米国とロシアの戦略核兵器を削減する交渉では，「新START条約」が2010年4月に署名され，2011年2月に発効し，一層の削減プロセスが開始されている。

　他方，北朝鮮の核問題は20年にわたる話し合いや制裁にもかかわらず，状況は一向に好転せず，北朝鮮は2度の核実験を実施し，悪化の方向に進んでおり，イランの核開発疑惑問題も，国連安保理の決議にもかかわらず，イランはウラン濃縮を大規模に進めており，核兵器開発に近づいているように見える。

　また，米国の9.11同時多発テロに引き続くものとして，テロリストが核兵器その他の放射性物質を使用する核テロの脅威が，米国の最大の安全保障上の脅威であると認識されており，その事態に対応するための核セキュリティが重要な課題となっている。

　このように核兵器をめぐる国際社会の情勢は，一方で「核兵器のない世界」に向けてのプラスの動きが見られるとともに，他方では新たな核兵器国の出現や核テロの脅威などマイナスの動きが見られ

る。その意味で、核兵器をめぐる情勢はきわめて複雑である。

　本書はこのように複雑な核兵器をめぐる国際情勢を、核軍縮の観点から、初心者にも理解できるように分かりやすく解説し、問題点を指摘し、今後の課題を示すものである。核軍縮問題を理解するためには、全体的な国際社会の歴史の流れや構造を理解する必要があるし、また核軍縮問題ではさまざまな専門用語および略語が使われるので、最低限度の専門用語を理解する必要もある。

　そのような観点から、本書では、第1章で核兵器出現以来の国際社会の歴史的背景を整理し、広島・長崎への原爆投下から現在までの核兵器および核軍縮に関する流れを簡潔にまとめてある。第2章以下は、核軍縮に関連する個々の問題、すなわち核兵器の削減（第2章）、核兵器の不拡散（第3章）、核実験と核物質生産の禁止（第4章）、非核兵器地帯（第5章）、核兵器の使用禁止（第6章）、核セキュリティ（第7章）を取り扱い、第8章は全体のまとめとして、核兵器のない世界に向けての展望を行っている。

　また各章の最初に、「本章のねらい」でその章の目的を明確にし、各章に関する問題の分析を行い、最後に今後の課題を示している。また、本書の内容の理解を進めるため、多くの図や表を挿入した。さらに、核軍縮に関する関連略語表を作成し、略語と、英文の正式名および日本語の正式名を並べている。

　軍縮の問題は各国の政府がこれまで中心になって議論してきたが、最近の大きな新しい動きは、政府だけでなく、NGO（非政府組織）がさまざまなアイディアを提出し、政府に働きかけるとともに、交渉にも政府と共に参加するようになっていることである。対人地雷禁止条約やクラスター弾条約は、NGOの積極的な活動と参加によって作成されている。

　核軍縮についても、NGOが正確な知識と情報を確保し、今後の

核軍縮の進展に関してさまざまな提案を行い，交渉に参加し，核兵器のない世界に向けての進展を促進することが期待されている。本書がそのための入門書としての役割を果たすことを願っている。なお，入門書を超えて，もっと詳細な議論に興味のある方は，黒澤満『核軍縮と世界平和』（信山社，2010年）を参照されたい。

　本書の刊行につき，信山社の袖山貴さんと稲葉文子さんに大変お世話になった。心よりお礼を申し上げる。

　　2011年7月

黒　澤　　満

目　次

はしがき

第1章　核兵器はどういう役割を果たしているのか
　　　　　──核兵器の役割低減── ………………………… 3

Ⅰ　冷戦期における核兵器の役割 ………………………… 5
　⑴　冷戦前期における状況　5
　⑵　冷戦後期における状況　8

Ⅱ　冷戦終結後の核兵器の役割 ………………………… 12
　⑴　冷戦終結直前の動き　12
　⑵　冷戦終結後の状況　13

Ⅲ　オバマ大統領による核兵器の役割低減 ………………… 15
　⑴　ブッシュ政権の核政策　15
　⑵　オバマ大統領の核政策　16
　⑶　核兵器の数の変遷と現状　18

第2章　米ロは核兵器をどう削減するのか
　　　　　──核兵器の削減── ………………………………… 21

Ⅰ　戦略兵器削減条約（START条約） ……………………… 23
　⑴　START条約の形成過程　23
　⑵　START条約の内容とその実施　25

Ⅱ　戦略攻撃力削減条約（SORT条約） ……………………… 27
　⑴　SORT条約の成立の背景　27
　⑵　SORT条約の内容　28

Ⅲ　新戦略兵器削減条約（新START条約）と
　　その後の削減 ………………………………………… 30
　⑴　新START条約の交渉過程　30

(2)　新 START 条約の内容　33
　　(3)　今後の削減の課題　36

第3章　核兵器の拡散にどう対応するのか
　　　　――核兵器の不拡散―― ……………………………… 41

Ⅰ　核不拡散条約（NPT） ……………………………………… 43
　　(1)　NPT の交渉過程とその内容　43
　　(2)　NPT の普遍性確保　44
Ⅱ　NPT をめぐる諸問題 ……………………………………… 46
　　(1)　IAEA 保障措置とその強化　46
　　(2)　北朝鮮とイラン　48
Ⅲ　NPT 再検討会議と今後の課題 …………………………… 51
　　(1)　1995 年・2000 年再検討会議　51
　　(2)　2010 年再検討会議　53
　　(3)　今後の核不拡散の課題　55

第4章　核軍拡競争をどう止めるのか
　　　　――核実験と核物質生産の禁止―― ………………… 59

Ⅰ　核実験の実態と部分的核実験禁止条約（PTBT） …… 61
　　(1)　核実験の実施の実態　61
　　(2)　部分的核実験禁止条約（PTBT）　63
Ⅱ　包括的核実験禁止条約（CTBT） ………………………… 64
　　(1)　CTBT の交渉過程　64
　　(2)　CTBT の義務の内容　65
　　(3)　CTBT の発効をめぐる諸問題　67
　　(4)　CTBT の早期発効に向けて　69
Ⅲ　核分裂性物質の生産禁止 …………………………………… 70
　　(1)　兵器用核分裂性物質の現状　70

(2) 兵器用核分裂性物質生産禁止条約（FMCT） 72

第5章　地域的な非核をどう進めるのか
　　　　──非核兵器地帯の設置── ……………………… 75

Ⅰ　冷戦期における非核兵器地帯 ………………………… 77
　　(1) 非核兵器地帯の概念　77
　　(2) ラテンアメリカ非核兵器地帯（トラテロルコ条約）
　　　　78
　　(3) 南太平洋非核地帯（ラロトンガ条約）　80
Ⅱ　冷戦終結後の非核兵器地帯 …………………………… 81
　　(1) 東南アジア非核兵器地帯（バンコク条約）　81
　　(2) アフリカ非核兵器地帯（ペリンダバ条約）　83
　　(3) 中央アジア非核兵器地帯（セミパラチンスク条約）
　　　　84
Ⅲ　新たな非核兵器地帯の設置 …………………………… 86
　　(1) 中東と南アジア　86
　　(2) 北東アジアと欧州　87

第6章　核兵器の使用は許されるのか
　　　　──核兵器の使用禁止── ……………………………… 91

Ⅰ　核兵器使用の合法性・違法性 ………………………… 93
　　(1) 国際司法裁判所の勧告的意見　93
　　(2) 2010年NPT再検討会議における議論　96
Ⅱ　核兵器の先行不使用（no first use）………………… 97
　　(1) 核兵器国の軍事ドクトリン　97
　　(2) 最近の新たな動向　99
Ⅲ　非核兵器国に対する核兵器の使用禁止 ……………… 101
　　(1) 核不拡散条約との関連　101

(2)　非核兵器地帯との関連　103

第7章　核テロをどのように防ぐのか
　　　　——核セキュリティ——……………………………………105

　Ⅰ　核テロの概念とその背景 ………………………………107
　　(1)　核テロの概念　107
　　(2)　核テロの脅威増大の背景　109
　Ⅱ　核テロ防止のための国際社会の取組み………………112
　　(1)　旧ソ連のルース・ニュークへの対応　112
　　(2)　核テロ防止のための国際的措置　113
　Ⅲ　核セキュリティ世界サミット …………………………116
　　(1)　核セキュリティの概念　116
　　(2)　オバマ大統領の核セキュリティ政策　117
　　(3)　世界サミットの成果と今後の課題　118

第8章　核兵器の廃絶に向けて
　　　　——核兵器のない世界——……………………………121

　Ⅰ　核兵器廃絶への動き …………………………………123
　　(1)　NPT 再検討プロセスにおける動き　123
　　(2)　核兵器廃絶の諸提案　125
　Ⅱ　核兵器禁止条約に向けての動き ……………………128
　　(1)　モデル核兵器禁止条約　128
　　(2)　2010 年 NPT 再検討会議での議論　130
　Ⅲ　核兵器廃絶と国際平和 ………………………………132
　　(1)　核兵器廃絶への反対論　132
　　(2)　核廃絶への行動と国際社会構造の改善　133

　索　引　135

関連略語表

ABM	Anti-Ballistic Missile	対弾道ミサイル
ASEAN	Association of Southeast Asian Nations	東南アジア諸国連合
CD	Conference on Disarmament	軍縮会議
CPGS	Conventional Prompt Global Strike	通常兵器迅速世界的攻撃
CTBT	Comprehensive Nuclear-Test-Ban Treaty	包括的核実験禁止条約
CTBTO	Comprehensive Nuclear-Test-Ban Treaty Organization	包括的核実験禁止条約機関
CTR	Cooperative Threat Reduction	協力的脅威削減
FMCT	Fissile Material Cut-Off Treaty	兵器用核分裂性物質生産禁止条約
G8	Group of Eight	先進8カ国グループ
GTRI	Global Threat Reduction Initiative	地球的脅威削減イニシアティブ
IAEA	International Atomic Energy Agency	国際原子力機関
IALANA	International Association of Lawyers Against Nuclear Arms	国際反核法律家協会
ICBM	Intercontinental Ballistic Missile	大陸間弾道ミサイル
ICJ	International Court of Justice	国際司法裁判所
ICNND	International Commission on Nuclear Non-Proliferation and Disarmament	核不拡散・核軍縮国際委員会
IMS	International Monitoring System	国際監視制度
INESAP	International Network of Engineers and Scientists Against Proliferation	拡散反対技術者・科学者国際ネットワーク
INF	Intermediate-Range Nuclear Forces	中距離核戦力
IPPNW	International Physicians for the Prevention of Nuclear War	核戦争防止国際医師会議
MAD	Mutual Assured Destruction	相互確証破壊
NAC	New Agenda Coalition	新アジェンダ連合

NAM	Non-Aligned Movement (Countries)	非同盟諸国
NATO	North Atlantic Treaty Organization	北大西洋条約機構
NGO	Non-Governmental Organization	非政府組織
NPR	Nuclear Posture Review	核態勢見直し
NPT	Nuclear Non-Proliferation Treaty	核不拡散条約
NSA	Negative Security Assurances	消極的安全保証
NWFZ	Nuclear-Weapon-Free Zone	非核兵器地帯
OAS	Organization of American States	米州機構
OAU	Organization of African Unity	アフリカ統一機構
OPANAL	Agency of the Prohibition of Nuclear Weapons in Latin America	ラテンアメリカ核兵器禁止機構
P5	Five Permanent Members of UN Security Council	国連安保理常任理事国
PSI	Proliferation Security Initiative	拡散防止構想
PTBT	Partial Test-Ban Treaty	部分的核実験禁止条約
SALT	Strategic Arms Limitation Talks/ Treaty	戦略兵器制限交渉／条約
SDI	Strategic Defense Initiative	戦略防衛構想
SLBM	Submarine-Launched Ballistic Missile	潜水艦発射弾道ミサイル
SORT	Strategic Offensive Reductions Treaty	戦略攻撃力削減条約
START	Strategic Arms Reduction Talks/ Treaty	戦略兵器削減交渉／条約
WHO	World Health Organization	世界保健機関
WTO	Warsaw Treaty Organization	ワルシャワ条約機構

核軍縮入門

第 1 章
核兵器はどういう役割を果たしているのか
――核兵器の役割低減――

第1章 核兵器はどういう役割を果たしているのか

本章のねらい

　本章は，本書の導入部であるとともに，核軍縮の問題を歴史的に全体的に考えるところである。核兵器が開発されて以来，核兵器がどのような役割を果たしてきたのか，歴史的に核兵器の役割がどう変化してきたのか，また核軍縮がどのように実施されてきたのかを全体的に考察することを目的としている。そのため，まず冷戦期における核兵器の増強および核兵器保有国の増加の様子を明らかにし，その後，冷戦終結後に核兵器の役割が若干低下した状況，および核軍縮がいくらか進展した状況を検討し，最後にオバマ大統領が登場し，核兵器のない世界を追求し，核兵器の役割を低減させると述べている状況を検討する。この章は核軍縮のそれぞれの問題を全体として分析するもので，第2章以下で検討する個々の核軍縮問題が，全体の問題のなかでどのように位置づけられるのかという観点からも重要な導入部となっている。

Ⅰ 冷戦期における核兵器の役割

(1) 冷戦前期における状況

1945年8月に広島および長崎に原爆が投下され核時代が始まったと一般に考えられているが，米国はその1カ月前の7月16日に最初の核実験をニューメキシコ州アラモゴードで実施している。広島・長崎以降は核兵器が実際に使用されることはなかったが，2,000回を超える核実験が行われ，ピーク時には7万発を超える核兵器が保有されており，現在では2万2,000ほどであると推定されている。図1-1は，米国，ロシアの核兵器数およびすべての核兵器の数の推移を示したものである。

1945年に設立された国連は，最初から核兵器の問題に取組み，1946年の第1回国連総会の最初の決議は，核軍縮問題を検討する原子力委員会の設置に関するものであった。この時期は米国のみが核兵器を保有している時代であり，米国は原子力の国際管理を提案したが，ソ連は核兵器の廃棄をまず行うべきだと提案した。米国と

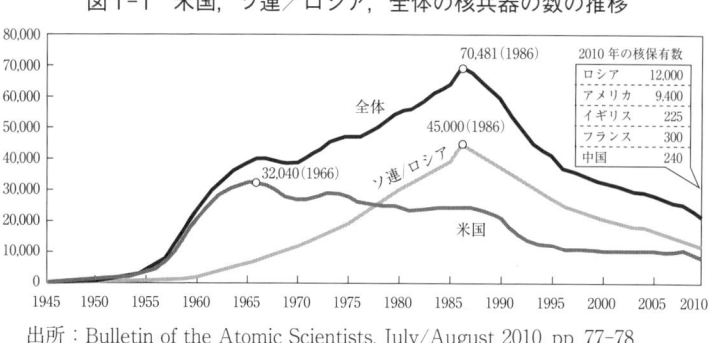

図1-1 米国，ソ連／ロシア，全体の核兵器の数の推移

出所：Bulletin of the Atomic Scientists, July/August 2010, pp. 77-78.

第1章　核兵器はどういう役割を果たしているのか

ソ連の間にはすでに冷戦が始まっており，両国の意見の対立は大きなものであり，また米国が核兵器を独占している時期でもあったので，核軍縮に向けての交渉はまったく進展しなかった。

ソ連は米国から4年遅れの1949年8月に最初の核実験を行い，2番目の核兵器国となった。この時期には，米国は対ソ連「封じ込め政策」を実施し，ソ連などの脅威に対抗するため，1949年に西欧諸国およびカナダを含めた「北大西洋条約機構（NATO）」を設立した。それに対抗してソ連と東欧諸国は1955年に「ワルシャワ条約機構（WTO）」を設立した。冷戦期は，NATO対WTOの対立に象徴される東西対立が国際政治の基本的特徴であり，その対立の中心に核兵器があり，核軍拡競争に代表される時代であった。

1950年代に米国は，ソ連の原爆開発に対抗して水爆開発へと核軍拡競争を推進していった。この時期においては，米国は核戦力においてソ連に対し圧倒的な優位を維持していたため，アイゼンハワー大統領は1954年に「大量報復戦略」を表明したが，これはソ連が西ヨーロッパに軍事侵攻を行った場合には，米国は即時に大量の核兵器でソ連陣営に報復を加えるという脅威の抑止理論であった。

その後ソ連も水爆の開発に進み米国に追いつく努力を継続しており，ソ連は1957年に人工衛星の打ち上げに成功し，大陸間弾道ミサイル（ICBM）の開発では米国と時期的にあまり違わなかった。両国間で核軍拡競争が強力に継続されるとともに，英国が1952年に，フランスが1960年に，中国は1964年にそれぞれ最初の核実験を実施し，核兵器保有国となった。**表1-1**は，5核兵器国の核戦力開発競争を示すものである。

1962年10月のキューバ危機は，ソ連が米国の中枢部に到着可能な中距離核ミサイルをキューバに配備しようとしたことに対し，米国が武力を用いてでも撤去させようとしたことで発生したもので，核戦争勃発の直前まで事態が悪化し，きわめて危険な状況となった。最終的には，ソ連の譲歩で核戦争は回避されたが，これは核戦力の

表1-1　5核兵器国の核戦力開発競争

	米　　国	ソ　　連	英　　国	フランス	中　　国
原　　爆	1945年	1949年	1952年	1960年	1964年
水　　爆	1952年	1955年	1958年	1968年	1967年
原子力潜水艦	1955年	1958年	1963年	1971年	1974年
ICBM	1959年	1960年	──	──	1981年
SLBM	1960年	1968年	1968年	1972年	1986年

出所：The Bulletin of the Atomic Scientists, May 1993.

優位を背景とする米国の圧力に押し切られた形になったため，その後ソ連は猛烈な勢いで核戦力の増強を目指すこととなった。

　このように冷戦前期は，核兵器の量においても質においても米国が圧倒的な優位にあり，現実の国際政治においても核兵器による威嚇が行われ，それに対抗するためにソ連が猛烈に追いつきを図るという状況であった。上述のキューバ危機の時だけでなく，それ以前の朝鮮戦争やベルリン危機の際にも核兵器による威嚇は行われた。また，**表1-1**が示しているように，米国およびソ連に続いて，英国，フランス，中国が核兵器の開発および核兵器の運搬手段の開発に参加する状況が生じてきた。

　したがってこの時期においては，核軍縮はいうまでもなく核軍備管理についても進展はまったく見られなかった。1940年代後半は国連の原子力委員会において，1950年代には国連の軍縮委員会において，核軍縮の交渉は実施されていたが，実際には猛烈な核軍拡競争が行われ，核軍縮に向けての成果はまったく生み出されなかった。

(2) 冷戦後期における状況

1962年のキューバ危機は、ソ連の核軍備増強を促すものであったが、他方国際政治における核兵器の役割についての考えを大きく転換させる契機ともなった。すなわち、キューバ危機では、実際に核戦争の直前まで事態が進行し、核兵器の威嚇を用いて国際政治で有利に事を運ぼうとする考えが余りにも危険であることが認識された。またソ連の核戦力が米国に徐々に追いつきつつあるという状況も背景には存在した。

このような認識に基づいて、米ソは1963年6月にホットライン（直接通信線）協定を締結し、核戦争の危険を減少させるために両国間に常に信頼できるコミュニケーションが可能になるように合意した。このホットライン協定は、誤解や誤算による核戦争の危険を減少させ、危機のときにも両国の意思の疎通を図ることを可能にするもので、実際に、1967年および1973年の中東戦争の際に利用されている。

キューバ危機に引き続き米ソ間に一定の緊張緩和が生じたことにより、1963年8月には、米国、ソ連、英国の間で「部分的核実験禁止条約（PTBT）」が締結され、大気圏内、宇宙および水中における核実験が禁止された。この条約にはその後多くの国が署名・批准し、核兵器の規制に関する最初の多国間条約となっている。この条約は、キューバ危機を契機として、国際政治における核兵器の役割が変化したことを物語っている。特に米ソ英の間で、国際的なルールを作成し、力による政治ではなく、国際法に従う政治を行うことに合意されたことは画期的なことである。

この条約は地下における核実験を禁止していないが、その1つの理由は現地査察による検証について合意できなかったからであるが、さらに米ソは地下核実験の技術をすでに習得していたが、技術的に遅れている他国が核実験を行うのを困難にするという核不拡散の政

表1-2　冷戦期における核軍縮関連条約

条約名	署　名	批　准	当事国	現在の状況
部分的核実験禁止条約（PTBT）	1963年8月5日	1963年10月10日	125カ国	有　効
核不拡散条約（NPT）	1968年7月1日	1970年3月5日	190カ国	有　効
対弾道ミサイル（ABM）条約	1972年5月26日	1972年10月3日	米国，ソ連	2002年6月13日失効
戦略攻撃兵器制限暫定協定	1972年5月26日	1972年10月3日	米国，ソ連	1977年10月3日失効
戦略攻撃兵器制限条約	1979年6月18日	批准されず	米国，ソ連	未発効

治的目的を持っていた。

　この核不拡散の目的は，「核不拡散条約（NPT）」が1968年に署名され，1970年に発効したことで，直接的に達成された。核兵器国が増加することは必然的に核戦争の可能性が大きく増大することを意味しており，1965年から交渉が開始された。この条約は，中国，フランス，ソ連（ロシア），英国，米国はすでに核兵器を保有し実験した国として「核兵器国」と定義し，その他のすべての国を「非核兵器国」と定義している。基本的義務は非核兵器国が核兵器を保有せず取得しないことであるので，本来的に差別的な条約であるが，条約がなければさらに核兵器保有国が増加する可能性が高いので，事態の悪化を防止する必要があった。さらに差別性を軽減するために，核兵器国は核軍縮に向けて誠実に交渉すること，締約国は原子力平和利用で支援を受けることなどが定められた。

　この条約の主たる目的は，核兵器開発能力がある非核兵器国を条約に入れることであり，主たる対象は西ドイツ，日本，カナダ，スウェーデン，スイスなど西側先進国であり，これらの諸国は1970

年代にすべて条約に加入した。しかしインドは1974年に平和的目的であると主張して核実験を実施し，イスラエルも1970年代には核兵器を開発したと考えられている。

核兵器国の核政策も変化し，米国は1967年に「柔軟反応戦略」を採用したが，それは東側が通常戦力で攻撃してきた場合は，NATO側は可能な限り通常戦力で対抗し，それでくい止められない場合に，西欧配備の戦術核兵器で対応し，最終的に米国本土からソ連本土に向けて戦略核兵器を発射するという戦略である。これにより相手国を確実に破壊するという威嚇により敵の攻撃を抑止する「確証破壊」理論が形成され，その後のソ連の核戦力の増強により，両者の間で確証破壊が成り立つ「相互確証破壊」理論へと発展していった。

このような状況で，「相互確証破壊」の下では相互抑止が働き，核戦争の危険が減少されると考えられるが，一方が飛躍的な核開発を行えばバランスが崩れて核戦争の危険が高まるため，「戦略的安定性」が求められるようになった。そのための措置は，核兵器を削減するものではないが，核兵器を一定の規制の下に置くことによって，安定を維持するもので，「核軍縮」ではなく「核軍備管理」と言われるものである。

1960年代末に「戦略兵器制限交渉（SALT）」が米ソ間で開始されるが，これは両国の戦略的安定を強化するためであり，また核不拡散条約で核軍縮を約束したことに対応するものであった。1972年に署名された「対弾道ミサイル（ABM）条約」は，弾道ミサイルを撃ち落とすための防御兵器である対弾道ミサイルシステムの展開を制限するものである。相互確証破壊の下で戦略的安定性を保つためには，相互に相手の第2撃に対して自国を脆弱にしておくことにより，第1撃の動機を減少させる必要があったからである。

このABM条約と同時に，「戦略攻撃兵器制限暫定協定」が締結され，戦略攻撃兵器であるICBM（大陸間弾道ミサイル）とSLBM

（潜水艦発射弾道ミサイル）の数を現状で凍結することに合意された。これは5年間の暫定的なもので，本格的なものは1979年に「戦略攻撃兵器制限条約」が締結され，両国のICBM，SLBM，爆撃機の総数を制限し，その内訳についても制限するものであった。基本的には現状維持であったが，戦略兵器の最新の中心的部分では一定の増強が認められていた。

したがってこの条約は，核兵器を削減するものではなく，両国にとって一定の範囲で核兵器の増強を質的にも量的にも認めつつ，無制限の競争にならないよう一定の枠組みを設定することにより，米ソ間の「戦略的安定性」を維持しようとするものであった。しかしこの条約は最終的には批准されなかったため発効していない。

1980年代に入り，米ソ関係は最悪の状況に陥るが，1982年から「戦略兵器削減交渉（START）」が開始され，これまでの制限ではなく削減を目指したが，1980年代前半は，米国の核軍備増強とソ連の対抗という図式があり，また米国の中距離核戦力（INF）が西欧に新たに配備される事態となり交渉も中断された。1985年にソ連にゴルバチョフが登場し，ソ連の政策の大きな変更を実施し，新たな枠組みの下でSTART交渉は進展したが，戦略核兵器の削減合意は，レーガン大統領が先端技術を用いて宇宙空間に大規模なミサイル防衛システムを展開する「戦略防衛構想（SDI）」に固執したため，達成されなかった。

このように冷戦後期においては，核軍拡競争を一定の枠組みに入れることにより予見可能性を増加させ，「戦略的安定性」を維持するための「核軍備管理措置」が条約として合意されたが，核兵器の質的および量的な増強は絶え間なく行われ，核軍拡競争は続いていた。それは東西対立という基本構造の下で，相互抑止を唱えながらも，核兵器がもつ国際政治への影響力を利用するという特徴を持っており，核兵器が軍事的にも政治的にも大きな役割をもつ時代であった。

第1章　核兵器はどういう役割を果たしているのか

II　冷戦終結後の核兵器の役割

(1)　冷戦終結直前の動き

　冷戦の終結は歴史の流れにおいて継続的なものであるが，象徴的には1989年12月にブッシュ（父）米大統領とゴルバチョフ・ソ連大統領が，マルタ首脳会談の共同声明で冷戦の終結を宣言した時期が重要であり，1991年7月のワルシャワ条約機構（WTO）の解体もその一環である。これらは基本的にはこれまでの東西の政治的，軍事的，イデオロギー的対立の終結を意味するもので，そのことは当然に核兵器の役割にも変化をもたらし，米国およびソ連／ロシアとも条約によって，または一方的に核兵器を削減するという方向に大きく変化した。

　冷戦の終結の始まりは1985年のゴルバチョフの登場および彼によるソ連体制の改革にあると考えられる。1986年のレイキャビク首脳会談において，米ソは戦略核兵器の50％削減および中距離核戦力（INF）の大幅削減について基本合意に達していたが，レーガン大統領が固執する「戦略防衛構想（SDI）」のため，戦略攻撃兵器の交渉は進展しなかった。しかし中距離核戦力については，1987年12月に「中距離核戦力（INF）条約」が米ソにより署名された。

　この条約により，米ソは地上配備のすべての中距離（射程1,000-5,500キロメートル）および準中距離ミサイル（射程500-1,000キロメートル）ならびにそれらのミサイル発射機を3年間で全廃することに合意した。実際に両国は**表1-3**に示された数のすべての地上配備のミサイルおよびミサイル発射機を期間内に廃棄した。条約義務の検証については6種類の現地査察が認められ，相手国に実際に立ち入って条約の遵守を確認する作業がおこなわれた。米ソ間

Ⅱ 冷戦終結後の核兵器の役割

表1-3 INF条約で廃棄されたミサイルと発射機

ミサイルと発射機	米 国	ソ 連
中距離ミサイル	669	825
中距離ミサイル発射機	282	608
準中距離ミサイル	178	926
準中距離ミサイル発射機	1	237

でこのような現地査察が認められたのは初めてであった。

 このINF条約がきわめて重要なのは、これまでの現状維持または上限設定といった「軍備管理」措置ではなく、実際に1つのカテゴリーの核兵器を全廃するという「核軍縮」措置であるからである。また透明性や公開性の推進という考えに基づいて現地査察が実施されたからである。この条約は冷戦終結以前に締結され、実施されているが、内容的には冷戦思考からは離脱しており、逆に冷戦の終結を導く重要な措置となっている。

(2) 冷戦終結後の状況

 米ソの間で冷戦中から行われていた戦略兵器削減交渉は、レーガン大統領が退陣し、戦略防衛構想（SDI）が放棄されることにより、条約の署名が可能となり、1991年7月に両国は戦略兵器削減条約（START条約）に署名した。これは両国の戦略核兵器の弾頭数を7年間で半減し6,000とするものである。冷戦期の軍備管理条約はミサイルなど運搬手段の数を制限するものであったが、ここでは弾頭が基準とされ、弾頭の大幅な削減が規定されている。その後ソ連が崩壊し、ロシア以外にウクライナ、カザフスタン、ベラルーシをも当事国とする議定書が署名された後、この条約は1994年12月に発効し、7年後の2001年に条約の規定通りに核弾頭が削減された。

 1991年9月には米国が一方的に、地上配備の戦術核兵器をすべて廃棄すること、海上艦艇、攻撃型潜水艦からすべての戦術核兵器

を撤去することを発表し，それに応える形で10月にソ連が同様の措置をとることを発表した。これらの措置は冷戦の終結に伴い，東西対立が緩和され，核政策上もこれらの配備を必要としない事態となったのであり，条約という形では交渉に長時間かかることから，相互的な一方的措置として実施されたものである。

1993年1月に米ロ間で署名された第2次戦略兵器削減条約（START II 条約）は，両国の戦略弾頭を3,000-3,500に削減することを規定するものであったが，その後の米ロ関係の悪化もあり，発効しなかった。

このように，冷戦終結後における状況は，米ロの間で多くの戦略核兵器が削減され，また戦域および戦術核兵器が撤去されたことにより，核戦争勃発の危険性は大きく減少し，核兵器のもつ軍事的および政治的意味合いも減少してきた。しかし抑止としての核兵器の重要性は依然として維持されており，核兵器の使用に関するドクトリンも大きく変化するものではなかった。

他方，冷戦の終結とともに，東西陣営の結束が緩和された結果，新たに核兵器を取得しようとする国家が出てきた。まず，NPTの当事国であるイラクは，1991年の湾岸戦争の後の査察により核兵器の開発を進めていたことが明らかになった。また同じくNPTの当事国である北朝鮮に関しては，1992年の国際原子力機関（IAEA）の特定査察の結果，核兵器開発疑惑が生じることとなった。

1998年5月にはインドが核実験を実施し，引き続いてパキスタンが核実験を行った。イスラエルとともに，この2国はNPTに加入していない国であり，核不拡散の観点からは大きな打撃となった。1996年9月には包括的核実験禁止条約（CTBT）が署名され，核軍縮に向けての大きな前進が見られたにもかかわらず，両国はそれに逆行する形で，また核不拡散体制に挑戦する形で核実験を行った。インドは核実験の正当化として，核兵器国の核軍縮が十分でないこと，および核不拡散体制が差別的であることを挙げていた。

このように，冷戦後の国際社会においても，米ロ間では核兵器削減や協力的援助などが見られ，核兵器の軍事的および政治的価値は低減しつつあると考えられるが，新たに核兵器を取得しようする国家が表れていることから，核兵器を保有することがそれらの国家にとって軍事的にも政治的にも有益であると考えられている。

オバマ大統領による核兵器の役割低減

(1) ブッシュ政権の核政策

2001年に政権についたブッシュ大統領は，クリントン大統領の国際協調主義を批判しつつ，国際社会においては，米国の国益を最優先し，自国の自由裁量の範囲を広く保ちつつ，軍事力または政治力を用いてその政策を進めるという「単独主義」を当初からその特徴としていた。しかし，2001年9月11日の米国のニューヨークやワシントンに対する同時多発テロは，ブッシュ政権の政策をさらに極端な方向に進めるものとなった。ブッシュ大統領は「対テロ戦争」を宣言し，世界の各国に対して米国を支持することを求め，そうでなければテロリストと同じ側の敵になるとせまった。

2001年末に出されたブッシュ政権の核態勢見直し報告書は，ロシアとの冷戦も終わり，ロシアはもはや敵ではないので，戦略兵器を大幅に削減し，核兵器の役割を低減させると謳っている。このようにロシアとの関係では核兵器の役割は低減されていったが，それ以外のところでは，逆に核兵器の役割は大きく増大されている。

米国とロシアは2002年5月4日に，戦略攻撃力削減条約（SORT条約）に署名し，それぞれの戦略核弾頭を2012年12月31日までに1,700-2,200を超えないようにすることに合意した。ロシアが条約として削減することを強く求めたので，簡潔な条約として署名さ

れたが，米国はすでに実戦配備戦略核弾頭をこのように削減することを一方的に決定していた。そのため，この条約は本文5条の簡潔なものであり，検証に関する規定はまったく含まれていない。

ブッシュ政権は，ロシアおよび中国の他に，イラク，北朝鮮，イラン，リビア，シリアをならずもの国家と指定し，それらの国に対して核兵器を使用する用意があることを明確にした。これらの国は当時は核兵器をまったく保有していない状況であった。またこれらの国家に核兵器を使用するため，新たな小型核兵器および地下貫通型の核兵器が必要であり，それらの開発を始めるとし，その開発のために核実験が必要になるかもしれないので，核実験の準備期間の短縮を実施した。

そのため，ロシア，英国，フランスの3核兵器国がすでに批准している包括的核実験禁止条約（CTBT）への反対を一層強化した。また，核兵器の材料である濃縮ウランおよびプルトニウムの生産を禁止する条約（FMCT）についても，ブッシュ大統領は検証は不可能であるから，検証のない条約を交渉すべきであると主張した。これはそれまで一般的に合意されていたことを覆すもので，実際には交渉の開始に反対するものとなった。

このように，ブッシュ政権期においては，一定の戦略兵器の削減は合意され実施されたが，核兵器の役割を低減するどころか，逆に核兵器使用の可能性を高め，核兵器の軍事的および政治的役割を高めるものであった。ブッシュ政権は核軍縮にはまったく関心を示さず，もっぱら核不拡散にその努力を集中した。2005年のNPT再検討会が失敗した最大の理由はそのような米国の態度であった。

(2) オバマ大統領の核政策

2009年に大統領に就任したオバマは，選挙期間中から「核兵器のない世界」を追求すると述べ，核軍縮に大きな関心を示していた。

Ⅲ　オバマ大統領による核兵器の役割低減

2009年4月5日のプラハ演説において，オバマ大統領は，米国は，核兵器を使用した唯一の国として行動する道義的責任があると述べ，核兵器のない世界における平和と安全を追求するという米国のコミットメントを，明確にかつ確信をもって表明した。さらに，米国は核兵器のない世界に向けて具体的な措置をとるとし，冷戦思考を終わらせるため，米国は国家安全保障戦略における核兵器の役割を低減させると述べた。

表1-4　オバマ大統領のプラハ演説の中心部分

> 米国は，核兵器国として，核兵器を使用した唯一の核兵器国として，行動する道義的責任がある。
> 　今日，私は核兵器のない世界での平和と安全を追求するという米国の約束を，明確にかつ確信をもって表明する。この目標は，すぐに到達できるものではない。おそらく私が生きている間にはできないだろう。
> 　まず，米国は核兵器のない世界を目指して具体的な措置を取る。
> 　冷戦思考に終止符を打つため，米国の安全保障戦略の中での核兵器の役割を低減させるとともに，他の国も同じ行動を取るよう要請する。ただし核兵器が存在する限り，敵を抑止するための安全で確実で効果的な核戦力を維持する。

まず戦略兵器の削減については，同年4月1日のメドベージェフ・ロシア大統領との初めての首脳会談で，その交渉の開始に合意し，1年間の交渉の後，新戦略兵器削減条約（新START条約）が2010年4月8日に署名され，両国の議会の批准承認を経て，条約は2011年2月5日に発効した。この条約の中心は，条約発効後7年以内にそれぞれの戦略核弾頭を1,550に削減し，配備した運搬手段を700に削減するものである。またこの条約は十分な検証措置を含むものであり，今後の戦略核兵器の一層の削減のための第一歩となるものである。

米国の核政策の全体を規定する「核態勢見直し」報告書が，2010年4月6日に国防総省より提出されたが，それは全体的に米国の核兵器の役割および重要性を低減させる方向を目指すものである。ブッシュ政権とは正反対に，オバマ政権は，新たな核兵器を開発しないこと，核兵器の実験を行わないこと，核兵器に新たなミッションを与えないことを明確に定めている。また，核兵器の使用についても，核兵器の基本的な役割は，他の国による核兵器の使用またはその威嚇を抑止することであると述べ，核不拡散条約（NPT）の締約国であってその義務を遵守している非核兵器国に対しては核兵器を使用しないと述べている。

さらにオバマ大統領は，包括的核実験禁止条約（CTBT）の上院での批准を求めること，兵器用核分裂性物質生産禁止条約（FMCT）の交渉を開始することを積極的に追求するとしている。このように，オバマ政権は一般的に核兵器の役割および数の低減を主張しており，核兵器のない世界に向けた動きを強く支持している。

(3) 核兵器の数の変遷と現状

核兵器の開発は米国から始まり，その後ソ連，英国，フランス，中国と拡大し，1970年のNPTによりこれらの5国は核兵器国として認められた。その後インド，パキスタン，北朝鮮が核実験を行い，イスラエルは一般に核兵器を保有していると考えられている。

図1-1に示されているように，米国が1950年代，60年代には急激な増強を行いそのピークは1966年で，米国はその後は量を追求するのではなく，質的な改善に取り組むようになり，冷戦終結後は大幅な削減を実施している。ソ連は米国に追いつき，追い越せという形で順調に核兵器を増強し，1970年代後半には米国に追いつき，さらに増強を続けた。ソ連の核兵器システムは米国に比べ質的に劣っているので，それを量的にカバーする必要があると考えられていた。そのピークは冷戦終結直前の1986年であり，その後は順調

に削減を続けている。国際社会全体の核兵器数のピークも1986年であり約7万の核兵器が存在していた。

英国,フランス,中国の核兵器数は最大時でも500前後であり,英国とフランスは冷戦終結後減少の傾向にあり,その後も200-300程度である。核兵器の数は,一部が公表されることがあるとしても,そのほとんどは軍事機密であり,さまざまな数が示されているがそれらはすべて推定値である。表1-5は2010年現在の核兵器数の推定値である。

表1-5 現在の核兵器の数

国　名	戦略核兵器	戦術核兵器	実戦配備数	保有総数
ロシア	2,600	2,050	4,650	12,000
米　国	1,968	500	2,468	9,400
フランス	300		〜300	300
中　国	180		〜180	240
英　国	225		<160	225
イスラエル	60-80			60-80
パキスタン	70-90			70-90
インド	60-80			60-80
北朝鮮				<10
合計	〜5,500	〜2,550	〜7,700	〜22,400

出所:Bulletin of the Atomic Scientists, July/August 2010. pp. 77-78

第2章
米ロは核兵器をどう削減するのか
――核兵器の削減――

第2章　米ロは核兵器をどう削減するのか

本章のねらい

　本章は、核軍縮の中心問題である核兵器の削減を取り扱う。特に米ソおよび米ロの間で核兵器の削減がどのように行われてきたのか、今後さらにどのように削減されていくべきかを検討することを目的としている。そのため、まず冷戦終結直後に締結された「戦略兵器削減条約（START条約）」の形成過程から内容、さらに実施の状況を明らかにし、その後、ブッシュ政権下で締結された「戦略攻撃力削減条約（SORT条約）」の背景、内容およびその意義を検討する。さらにオバマ政権下で締結された「新START条約」の交渉経過、内容およびその重要性を考え、今後米ロの核削減はどのように進むべきか、すなわち戦略兵器を引き続きどのように削減していくべきか、また戦術兵器の削減をどのように実施すべきか、さらに配備されていない核兵器をも今後は規制し、削減する必要があるので、それらをどのように交渉していくべきかを考える。

Ⅰ 戦略兵器削減条約（START条約）

（1） START条約の形成過程

まず戦略兵器とは何かという点から始めると，米ソの間では核兵器が大きく2つに分けられ，米ソの間で直接攻撃が可能な射程の長いものを戦略兵器と呼び，それ以外の射程の短いものを一般に戦術兵器または非戦略兵器と呼んでいる。米ソの間および米ロの間でずっと交渉の対象とされてきたのは射程の長い，両国が直接攻撃しあえる戦略兵器であった。それは具体的には大陸間弾道ミサイル（ICBM），潜水艦発射弾道ミサイル（SLBM）および重爆撃機で構成されている。

冷戦期に成立した条約は戦略兵器制限（limitation）条約であったが，STARTでは，戦略兵器削減（reduction）条約が交渉されている。この交渉が正式に始まったのはまだ冷戦期の1980年代半ばであり，1985年11月のジュネーブ首脳会談において，レーガン米大統領とゴルバチョフ・ソ連書記長は「核戦争に勝者は存在しないし，核戦争は決して戦われてはならない」という原則に合意し，戦略攻撃兵器の50％削減に原則合意した。1986年10月のレイキャビク首脳会談において，米ソの戦略運搬手段を1,600に，核弾頭を6,000に削減することに合意があったが，宇宙空間に壮大なミサイル防衛システムを構築するという戦略防衛構想（SDI）にレーガン大統領が固執したため，合意には至らなかった。

1989年に誕生したブッシュ（父）大統領はSDIを放棄したため，両国の合意が可能になった。1990年6月の首脳会談でSTART条約の基本的枠組みが共同声明として発表され，1991年7月31日にSTART条約が署名された。

表2-1 START条約, SORT条約, 新START条約の内容の比較

条約	START条約	SORT条約	新START条約
署名日	1991年7月31日	2002年5月24日	2010年4月8日
発効日	1994年12月5日	2003年6月1日	2011年2月5日
削減履行日	2001年12月5日	2012年12月31日	2018年2月5日
失効日	2009年12月5日	2011年2月5日	2021年2月5日
運搬手段の数	1,600	——	700
運搬手段の構成	規制有り	——	
弾頭の数	6,000	1,700-2,200	1,550
弾頭数の内訳	規制有り	——	——
弾頭計算のルール	規定あり	——	規定あり
通告とデータ交換	規定あり	——	規定あり
検証	13種類の現地査察	——	2タイプの現地査察
履行機関	合同遵守査察委員会	2国間履行委員会	2国間協議委員会

　しかしその後1991年12月にソ連が崩壊し，独立国家共同体（CIS）が核兵器の一元管理を維持することが合意されたが，当時核弾頭はロシアに約8,750，ウクライナに約1,750，カザフスタンに約1,400，ベラルーシに約100配備されていた。この問題を処理するため，1992年5月23日，「START条約議定書」が，米国，ベラルーシ，カザフスタン，ロシア，ウクライナの間で締結された。これにより，ロシアがそれぞれの核兵器を引き継ぐこととなり，条約は1994年12月5日に発効した。

(2) START条約の内容とその実施

　条約は戦略核兵器の大幅な削減を規定しているが，それは大きく運搬手段と核弾頭に分けることができる。まず運搬手段としてはICBM，SLBM，重爆撃機があり，それらの合計を7年後に1,600に削減することが義務付けられている。米国からみて特に戦略的安定性の点から問題だと考えられていた重ICBMは，半減することが規定された。これにあてはまるのはソ連のSS18だけであり，当時308存在していたのを半減して154に削減することが規定された。米国は10弾頭搭載しているこのミサイルが米国の安全保障にとってきわめて危険であると考え，大幅な削減を引き続き要求していた。

　核弾頭については，レイキャビク首脳会談で6,000に削減することが合意されており，米国は10,563，ソ連は10,271の弾頭を保有していたため，一般に半減を目指すものと考えられた。条約によれば，ICBMとSLBMに搭載された核弾頭はそこに搭載されていると計算される実際の数が計算されるが，ミサイルと比較して脅威が少ないと考えられる重爆撃機については，搭載されている核弾頭の数は実際の数よりも少なく計算されるので，米国は約43％，ソ連は約41％の削減となる。

　弾頭の総数6,000の内訳として，ICBMとSLBMに搭載される核弾頭の合計に4,900という制限が規定された。米国はICBMは攻撃された時は脆弱であり，先制攻撃には有効であるため，戦略的安定性からみて危険であるので大幅に削減すべきだと主張しており，自らもICBMよりもSLBMを多く保有していた。他方ソ連はより多くのICBMを保有していた。米国はICBM搭載の核弾頭を3,300にすることを主張していたが，ロシアはICBM，SLBM，重爆撃機を平等に取り扱うことを主張し，その結果ICBMの単独の内訳は規定されず，ICBMとSLBMの合計が規定されることになった。4,900の内訳については，米国は40％，ソ連は48％の削減となり，

表2-2 START条約における13種類の現地査察

1	条約発効日における出発点のデータを確認する基礎データ査察
2	条約発効後6カ月ごとに更新されるデータを確認するデータ更新査察
3	基礎データに含まれない新しい施設に対する新施設査察
4	一定の施設に対する疑わしい場所の査察
5	弾頭の数を確認する再突入体査察
6	移動式ICBMの演習後の状況を確認するポスト演習分散査察
7	転換または廃棄過程を確認する転換・廃棄査察
8	施設の閉鎖を確認する施設閉鎖査察
9	以前に閉鎖されたと宣言された施設の査察
10	運搬手段の技術的特徴の公開とその査察
11	爆撃機の区別可能性の公開とその査察
12	条約に規制されない爆撃機の基礎公開とその査察
13	移動式ICBMの生産施設の継続的監視活動

大幅な削減となる。またもう1つの内訳として、移動式ICBMについて弾頭数が1,100と定められた。

条約義務の検証については、詳細なデータの交換やさまざまな通告が定められ、現地査察として表2-2に示されているような13種類が規定され、きわめて厳格な査察が実施されることになった。

条約の義務は、条約発効後7年の2001年12月5日までに完全に履行され、米ロとも戦略核弾頭を6,000以下に削減した。表2-3は、1990年の米ソの核兵器運搬手段と核弾頭の数、条約による制限、およびSTART条約履行後の米ロの核兵器運搬手段と核弾頭の数を示している。

START条約に引き続き、第2次戦略兵器削減条約(START II

表 2-3 米ロによる START 条約の実施状況

	米 国 1990年	ソ 連 1990年	条約の制限	米 国 2001年	ロシア 2001年
運搬手段	1,672	2,338	1,600	1,237	1,136
ICBM+SLBM	8,210	9,416	4,900	4,821	4,894
核弾頭	10,563	10,271	6,000	5,946	5,518

出所：SIPRI Yearbook 2002

条約）が1993年1月3日に米ロ間で署名され，両国は戦略核弾頭を3,000-3,500に削減することを合意したが，条約は最終的には発効しなかった。

II 戦略攻撃力削減条約（SORT 条約）

(1) SORT 条約の成立の背景

2001年1月に新たな大統領となったブッシュ(子)は，5月に安全保障政策を明らかにしたが，そこでは，冷戦時の脅威であったソ連はすでになく，ロシアはもはや敵でなく脅威でないこと，新たな脅威は多くの国が大量破壊兵器およびミサイルを保有しまた開発していることであると述べた。そのため，攻撃力と防衛力の両方に依存する新たな抑止理論が必要であるとし，特にミサイル防衛の重要性を強調するとともに，核兵器の一層の削減を奨励しなければならないと，核兵器削減の意図を示していた。

2001年11月のプーチン・ロシア大統領との会談で，ブッシュ大統領は，米国は実戦配備戦略核弾頭を今後10年で1,700-2,200のレベルに削減すると伝えた。プーチン大統領は米国大統領の大幅な削減の決定を高く評価し，ロシア側も同じように対応すると述べつ

つも，検証や管理の問題を含む条約の形にするのが好ましいと主張した。それに対しブッシュ大統領は，条約の作成には反対であり，それぞれが実施すればいいと答えていた。

2001年12月に提出されたブッシュ政権の「核態勢見直し(NPR)」も，2012年までに実戦配備弾頭を1,700-2,200に維持する目標を定め，核戦力削減につき，今後10年にわたって実戦配備弾頭を1,700-2,200に削減すると規定している。米国が条約を好まない理由として，ロシアはもはや敵でないこと，および条約作成には時間がかかることが挙げられているが，ブッシュ政権は一般的に条約に拘束されることを嫌う傾向があり，米国の自由裁量の範囲を最大限に維持したいというのがその主要な理由であると考えられる。

他方，ロシアは国内経済事情からして現在の核戦力を維持するのも困難な状況にあり，自国の核戦力が縮小していく中で，米国の削減を条約で確定することが好ましく，それによって法的な同等性を確保し，大国としての地位を維持できると考えた。9.11同時多発テロ以来，ロシアは米国のアフガン作戦に大幅な協力をしている際に，米国は2001年12月に対弾道ミサイル（ABM）条約からの脱退をロシアに通告した。このような状況で，米国はロシアに譲歩する必要が発生し，条約を作成すべきと主張するロシアの要求を米国は最終的に受け入れた。しかし複雑な交渉もなく，きわめて簡潔な条約が2002年5月24日に署名された。

(2) SORT条約の内容

米国が条約を作成することに消極的であったことを反映し，条約はきわめて簡素なもので本文5条だけの3頁のものである。START条約が議定書などを含めて700頁もあったことと比較するとその簡素さが理解できる。核兵器の削減に関する条項は第1条だけであり，「各締約国は，戦略核弾頭を削減し制限するものとし，2012年12月31日までに各締約国の総数が1,700-2,200を超えな

いようにする」というのが基本的な内容である。

　この条約には，通常の核軍縮条約には詳細に規定されている用語の定義がまったく含まれていない。ここでは「戦略核弾頭」と規定されているが，米国は常にこれは「実戦配備戦略核弾頭」を意味すると述べている。他方ロシアは米国の解釈を受け入れておらず，独自の解釈で戦略核弾頭を定義している。また配備された弾頭をどのように計算するかに関しても，米国は現実に配備されている弾頭数が計算されると述べるが，ロシアはSTART条約でとられていた方法，すなわちあるミサイルに搭載可能な最大の弾頭数を計算するとしている。

　また条約の削減の過程に関して，START条約は3段階に分けた削減を規定していたが，この条約にそのような規定はまったくなく，最終的に規定された数になればよいものとされている。戦略攻撃兵器としてICBM，SLBM，重爆撃機があり，START条約はそれらの内訳に一定のルールを設定していたが，この条約は戦略攻撃兵器の構成および構造を自ら決定すると規定し，広い自由が認められている。実戦配備から撤去された弾頭については何の規定もないし，撤去された運搬手段についても何の規定もない。弾頭や運搬手段は撤去されてもまた再配備される可能性がある。これまでの条約では運搬手段は廃棄することが規定されていた。

　軍縮条約に不可欠と考えられている検証についても，この条約は具体的な検証規定をまったく含んでいない。これはブッシュ政権が一般的に条約を嫌い，また検証を嫌ってきたことと関連し，米国は広範囲の行動の自由および裁量を維持することに最高の優先順位を与えてきたことを意味している。条約は第2条において，「締約国は，START条約がその用語に従って有効であり続けることに合意する」と規定しており，START条約の検証を利用することが合意されている。START条約は1994年12月5日に発効し，有効期間は15年であるので，2009年12月5日までは，その検証措置が実

施され、間接的にSORT条約の履行を検証できるものであった。

第3条は、この条約の履行のために、両国は少なくとも年2回、2国間履行委員会を開催すると規定し、第4条で条約の有効期間は2012年12月31日となっており、戦略核弾頭を1,700-2,200に削減する日と同じ日になっている。条約の基本的義務が実施されるその次の日に条約は消滅することになっている。

この条約は、明確な用語の定義を含んでいないこと、検証規定を含んでいないこと、削減が段階的でなく、最終段階のみ規定されていること、条約の基本的義務の履行の日が条約の有効期限と同じであることなどの点から鋭く批判され、この条約は検証可能性、予見可能性、透明性という軍縮条約の基本的特質を欠くものであり、きわめて不完全な条約であると言われた。

条約の履行については、米国とロシアは自己の定義に依存しながらも、戦略核弾頭の削減を続け、検証もSTART条約の検証規定の利用により実施された。しかし2009年12月5日にSTART条約が失効したため、検証は実施できなくなった。その後2011年2月5日に新START条約が発効したことにより、その条約の規定に従って、SORT条約は失効した。

Ⅲ 新戦略兵器削減条約（新START条約）とその後の削減

(1) 新START条約の交渉過程

2009年1月に大統領に就任したオバマ大統領は、選挙期間中から「核兵器のない世界」を目指すと述べつつ、戦略核兵器の削減に取り組むことを主張してきた。2009年4月の最初の米ロ首脳会談において、オバマ大統領とメドベージェフ・ロシア大統領は、戦略

III 新戦略兵器削減条約（新START条約）とその後の削減

攻撃兵器の一層の削減の交渉を開始することに合意し，START条約が失効する12月までに条約を締結する意図を表明し，その交渉の基礎として以下の3点に合意した。

① 新たな条約の主題は戦略攻撃兵器の削減および制限である。
② 将来の条約は，2002年のモスクワ条約（SORT条約）よりも低いもので，記録的な削減を目指す。
③ 新たな条約は，予見可能性と安定性を促進し，効果的な検証措置を含む。

交渉が開始されて3カ月目の2009年7月に2回目の首脳会談が開催され，両大統領は，戦略攻撃兵器の一層の削減と制限に関して，新たな法的拘束力ある条約を早期に締結することを決定し，新たな条約が以下の要素を含むことを支持した。

① 条約の発効後7年で，戦略運搬手段は500-1,100，核弾頭は1,500-1,675に削減する規定
② これらの制限を計算するための規定
③ 定義，データ交換，通告，廃棄，査察・検証に関する規定
④ 各当事国がその戦略攻撃兵器の構成と構造を自ら決定するという規定
⑤ 戦略攻撃兵器と戦略防御兵器の相互関係に関する規定
⑥ ICBMとSLBMの非核弾頭の戦略的安定性への影響に関する規定
⑦ 戦略攻撃兵器を各当事国の領土にのみ配備することに関する規定
⑧ 条約の履行に関する諸問題を解決するための履行機関の設置
⑨ 条約は一方当事国と第三国との戦略攻撃兵器での協力には適用されない
⑩ 条約期限は10年

このように条約の基本的枠組みおよびその内容に関しては合意が得られたが，削減の程度については，運搬手段で500-1,100，核弾

第 2 章　米ロは核兵器をどう削減するのか

頭で 1,500-1,675 と表記されているように，両国の間でまだ大きな見解の相違があることが示されている。またミサイル防衛の取り扱いをはじめとして，さまざまな問題が残されていた。

　2009 年 9 月にオバマ大統領は，ブッシュ前大統領が推進しようとしていたミサイル防衛の配備中止を決定し，それに代わる戦域的なミサイル防衛の推進を表明し，ロシアとの関係は若干は良くなったが，ミサイル防衛の問題は最後まで両国の対立点であった。11 月の首脳会談において，両大統領は条約の年内署名の方針を確認したが，核弾頭や運搬手段の数や規制方法について見解の相違があり，ミサイル防衛についても引き続き議論がなされ，また新たに検証の問題が重要課題として浮上してきた。

　START 条約が 2009 年 12 月 5 日に失効し，それまでに新しい条約を作成するという目的は達成されなかった。12 月 18 日の首脳会談では，両大統領とも近い将来に条約が完成するという楽観的な見通しを示していた。

　2010 年に入っても交渉は精力的に継続され，両大統領は 3 月 26 日に電話で首脳会談を行い，新たな条約のすべての側面に最終合意した。オバマ大統領は，最近 20 年近くの間で最も包括的な軍備管理協定に合意したと述べ，この条約は米ロが配備する核兵器を約 3 分の 1 削減し，ミサイルと発射機を大幅に削減し，強力で効果的な検証を実施するものであると説明している。

　この条約は，ちょうど 1 年前にオバマ大統領が核兵器のない世界に向けての有名な演説を行ったチェコのプラハにおいて，2010 年 4 月 8 日に，オバマ米大統領とメドベージェフ・ロシア大統領により署名された。交渉開始から 1 年で署名にたどりついたことは，きわめて短い時間で条約が作成されたことを意味するが，当初は年内あるいは START 条約失効前に署名あるいは発効までが期待されることもあった。特に後半に入りミサイル防衛などさまざまな課題で交渉が長引いたが，2010 年 5 月に予定されていた NPT 再検討会議

Ⅲ　新戦略兵器削減条約（新START条約）とその後の削減

の1カ月前に署名された。

(2) 新START条約の内容

　この条約は戦略攻撃兵器を削減し制限することを目的としているが，その対象は戦略運搬手段と戦略弾頭であり，戦略運搬手段としては，ICBMとICBM発射機，SLBMとSLBM発射機および重爆撃機が対象となり，戦略弾頭としては，ICBM弾頭，SLBM弾頭，重爆撃機核兵器が対象となる。これらはすべて定義され，現行のものが列挙されている。新START条約はSTART条約と同様に運搬手段と弾頭の両者を規制しているが，SORT条約は弾頭のみを規制していた。

　この条約による削減および制限については条約発効後7年で以下のように削減することが定められている。
① 700：配備ICBM，配備SLBM，配備重爆撃機の総数
② 1,550：配備ICBMの弾頭，配備SLBMの弾頭，配備重爆撃機で計算される核弾頭の総数
③ 800：配備および非配備ICBM発射機，配備および非配備SLBM発射機，配備および非配備重爆撃機の総数

　このように，条約による削減と制限は，配備された運搬手段が700，配備・非配備の運搬手段が800，そして配備された弾頭は1,550となっている。

　まず運搬手段については，START条約は配備された運搬手段を1,600としていたので，新START条約は配備が700，配備と非配備の合計が800と定めているので，半数以下になる。2009年7月の合意では，運搬手段の削減は500-1,100となっており大きな幅があったが，これは多くの運搬手段をもたず，それも退役していくロシアは500を主張し，多くの最新のミサイルをもつ米国は1,100を主張したと考えられる。条約は中間的な700，さらに配備・非配備が800と定めた。

33

また運搬手段であるICBM, SLBM, 重爆撃機の内訳については,条約は,各締約国は戦略攻撃兵器の構成および構造を自ら決定する権利を有すると規定し,各国の自由にまかされている。

次に弾頭について,ICBMとSLBMについては実際に配備されている弾頭数が計算される。このように実際のミサイルに搭載されている弾頭数が規制されるのは初めてである。START条約においては,ミサイルが実験段階で搭載した最大数の弾頭が搭載されているものと計算されており,実際にはそれより少ない弾頭が配備されていた。したがって新START条約では,実際の弾頭数を検証する手段が規定されている。

核兵器を搭載している重爆撃機については1核弾頭を搭載していると計算され,重爆撃機がかりに20の核弾頭を搭載する能力があったとしても,すべて1個と計算される。このように重爆撃機搭載の核弾頭を少なく計算する理由はいくつか挙げられている。現在米国もロシアも日常的に重爆撃機に核弾頭を搭載しておらず,近くの貯蔵所に保管している。その状態では配備していることにならないので,重爆撃機配備の核弾頭はゼロと計算されることになる。またミサイルと異なり,重爆撃機は速度が遅く,飛行を開始した後に呼び戻すことが可能であり,一般に先制攻撃用の兵器とは考えられておらず,安定性を維持するものと考えられている。

弾頭の規制に関してもう1つ重要なのは,重爆撃機の場合は核弾頭と規定されているが,ICBMとSLBMの場合は弾頭とのみ規定され,核弾頭に限定されないことである。米国がICBMおよびSLBMに通常爆弾を搭載する計画をもっており,それを条約の規制から除外しようとする米国と含めようとするロシアの対立があったが,最終的には条約で規制されることになった。米国は,ICBMやSLBMに通常爆弾を搭載し世界中のいかなる目標も短時間のうちに攻撃できる「通常兵器迅速世界的攻撃(CPGS)」能力の開発を進めている。

Ⅲ 新戦略兵器削減条約（新START条約）とその後の削減

　新START条約の検証は，自国の検証技術手段によるものと現地査察がある。自国の検証技術手段は伝統的に使用されてきたものであり，その主要な手段は人工衛星からの偵察である。しかし弾頭の数などの検証はこれでは不可能であり，現地における査察が詳細に規定されている。現地査察を実施する査察官および彼らを輸送する航空機乗員については，外交官と同じような特権と免除が与えられている。

　現地査察のうち，タイプ1査察はICBM基地，潜水艦基地，空軍基地で実施されるもので，主として配備された運搬手段の数とタイプ，配備ICBMおよび配備SLBMに搭載された弾頭の数，および配備重爆撃機に搭載された核兵器の数に関して申告されたデータの正確さを確認することで，年10回まで実施できる。

　たとえば査察団は，配備ICBMに搭載された弾頭の数を確認するために，指定した配備ICBM発射機を査察するが，査察団は自

表2-4　新START条約の概要

第1条	基本的義務
第2条	削減数
第3条	計算のルール
第4条	常駐・配備のルール
第5条	近代化と代替
第6条	転換と廃棄
第7条	データベースと通告
第8条	あいまいな状況への対応
第9条	テレメトリー情報の交換
第10条	検証
第11条	査察
第12条	2国間協議委員会

ら選択する1つのICBMの弾頭の数を目視によって査察し，申告が正確であることを確認する。多く存在するICBMのすべての弾頭数を確認するのではなく，査察団が自由に選択した1つのICBMの弾頭数を確認する方式であり，どのICBMを査察団が選択するかは不明であるから，すべてのICBMの弾頭数を正確に申告する動機となる。

タイプ2査察は，さまざまな施設で実施されるもので，非配備戦略攻撃兵器の数とタイプを確認すること，戦略攻撃兵器が転換され廃棄されたことを確認することなどであり，年8回まで実施することができる。

表2-5 新START条約についてのオバマ大統領の発言

> 今ちょうどメドベージェフ大統領との実りある電話を終わったところです。米国とロシアが，この20年間で最も包括的な軍備管理条約に合意したことを喜んで報告します。
>
> おおざっぱに言って，この新START条約はいくつかの点で進歩しています。それは米国およびロシアが配備する核兵器を約3分の1削減します。それはミサイルと発射機を大幅に削減します。それは強力で効果的な検証制度を導入します。それは，米国の国家安全保障を保護し発展させるのに，また同盟国の安全保障へのコミットメントを保証するのに必要な柔軟性を維持しています。
>
> この条約により，米国とロシアは我々がリードする意思があるという明確なシグナルを送っています。核不拡散条約の下での約束を守ることにより，我々は核兵器の拡散を停止させ，他国がその責任を果たすことを確保するという我々の世界的な努力を強化しています。

(3) 今後の削減の課題

新START条約が締結されたことにより，米ロの間では弾頭数1550，配備運搬手段700，配備と非配備の運搬手段800に向けての

削減が実施されていき，2018年2月5日までに完全に履行されることが予定されている。この削減が順調に進展し，あるいは予定よりも早いペースで行われることも期待されるが，第1の今後の課題は，この戦略核兵器削減の作業を米ロの間で継続することである。新START条約に続く条約として，交渉はすぐにでも開始すべきであるし，次の目標は弾頭を1,000まで削減することであろう。

　この目標はそれほどハードルの高いものとは考えられないし，これまでの削減の傾向を考えるならば，削減の方法にせよ検証・査察の方法にせよ，すでに存在する枠組みを利用することが可能である。**図2-1**は，米国とソ連／ロシアの戦略核兵器の数の推移を示したグラフであり，初期の段階では米国が大きくリードしていたこと，1980年代後半に両国とも1万を大きく超えるピークに到達し，その後急激に削減している様子が明らかである。この傾向を継続するならば，1,000までの削減もそれほど困難であるようには思えない。基本的には米国とロシアの友好な関係が維持され，強化されるかどうかに依存している。中国，英国，フランスなどその他の核兵器国が交渉に参加するのは，その次の段階になるであろう。

　新START条約では配備および非配備運搬手段に800という制限が設けられ，非配備システムに対する初めての規制が行われた。合意された削減が元に戻らないように不可逆性を確保することは重要である。今後も非配備の運搬手段の制限は必要であるし，さらに，撤去された核弾頭は今までまったく規制されてこなかったが，将来再び配備される危険を除去するため，今後は撤去された核弾頭は廃棄すると合意することがきわめて重要である。

　第2の課題は，非戦略核兵器あるいは戦術核兵器の削減である。冷戦終結直後の1991年および1992年に米ロの両国は大統領イニシアティブとして，非戦略核兵器の大幅な削減を実施した。しかしこれは条約によるものではなく，両国がそれぞれ自主的に実施したもので，特に米国の一方的な削減にロシアが応じたというものである。

図 2-1　米国とソ連／ロシアの戦略核兵器数の推移（1945-2018）

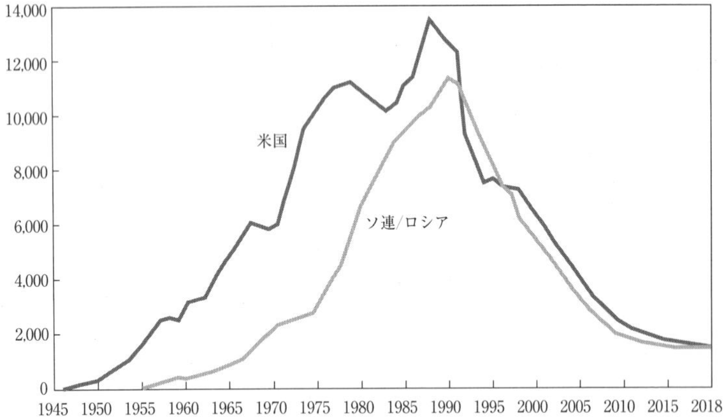

出所：SIPRI Yearbook 1991 をベースに著作が作成

それにより外国に配備されていた非戦略核兵器の大部分が撤去され，現在では米国の核兵器が NATO の 5 カ国，すなわちドイツ，オランダ，ベルギー，イタリア，トルコに約 200 配備されており，ロシアの非戦略核兵器はすべてロシアに撤去されたと考えられている。

まず NATO 配備の核兵器については，ドイツ，オランダ，ベルギーは核兵器の役割は終了したので，それらは米国に撤去すべきであると主張しているが，ポーランドなど新たに NATO に加盟した東ヨーロッパ諸国は，ロシアとの関係でそれらを撤去することに反対を唱えている。2010 年 11 月に 11 年ぶりに NATO の戦略概念が見直されたが，NATO は基本的にはコンセンサスで行動するため，撤去などの主張は合意を得ることができず，当分は現状維持の方法で進むことになっている。

ロシアは多くの非戦略核兵器を保有しており，今のところ交渉によって削減することには消極的である。その主たる理由は NATO との関係において，ロシアの安全を保障するために必要だと考えて

いるからである。ロシアが懸念している最大の問題は，NATO が推進しようとしているミサイル防衛の構築であり，NATO 側はこれはロシアを対象としたものではなく，イランを対象とした限定的なものであると説明しているが，ロシアはそれが配備されていけば，ロシアとの戦略的バランスが崩れ，ロシアの安全保障が損なわれると主張している。さらに，通常兵器に関してはNATO 側が圧倒的な優位に立っており，ロシアはそれを補うために非戦略核兵器が必要であると主張しており，非戦略核兵器を単独で削減することはできないと述べている。

しかし，これらの問題も NATO とロシアとの信頼を醸成し，両国が協力する方向を模索すれば解決できない問題ではない。最初のミサイル防衛については，NATO の構想がイランに対するものであれば，その点でロシアと協力することは可能であり，共同でミサイル防衛を構築することも可能であろう。また通常兵器におけるアンバランスをも考慮にいれた全体的な兵器削減を目指すことも考えられるであろう。

● 今後の課題 ●

1 戦略兵器を一層削減する。
　　米ロによる 1,000 までの削減交渉を開始する。
　　非配備運搬手段や撤去した核兵器を廃棄する。
2 非戦略核兵器の交渉を開始する。
　　西欧配備の米国の核兵器を撤退させる。
　　ロシアとミサイル防衛や通常兵器を含め交渉を行う。

来栖三郎著作集
(全3巻)

A5判特上製カバー

I 総則・物権 12,000円
―法律家・法の解釈・財産法
財産法判例評釈 (1) [総則・物権]―

II 契約法 12,000円
―家族法・財産法判例評釈 (2) [債権・その他]―

III 家族法 12,000円
―家族法・家族法判例評釈 [親族・相続]―

三藤邦彦 著
来栖三郎先生と私
◆清水 誠 編集協力 3,200円

安達三季生・久留都茂子・三藤邦彦
清水 誠・山田卓生 編
来栖三郎先生を偲ぶ
1,200円 (文庫版予600円)

我妻 洋・唄 孝一 編
我妻栄先生の人と足跡
12,000円

信山社

藤岡康宏著 民法講義（全6巻）
民法講義Ⅰ 民法総論 近刊
民法講義Ⅱ 物権 続刊
民法講義Ⅲ 契約・事務管理・不当利得 続刊
民法講義Ⅳ 債権総論 続刊
民法講義Ⅴ 不法行為 近刊
民法講義Ⅵ 親族・相続 続刊
石田 穣著 **物権法**(民法大系2) 4,800円
石田 穣著 **担保物権法**(民法大系3) 10,000円
加賀山茂著 **現代民法学習法入門** 2,800円
加賀山茂著 **現代民法担保法** 6,800円
民法改正研究会（代表加藤雅信） 12,000円
民法改正と世界の民法典
新 正幸著 **憲法訴訟論** 第2版 8,800円
潮見佳男著 **プラクティス民法 債権総論**（第3版）4,000円
債権総論Ⅰ（第2版）4,800円 **債権総論Ⅱ**（第3版）4,800円
契約各論Ⅰ 4,200円 **契約各論Ⅱ** 近刊
不法行為法Ⅰ（第2版）4,800円
不法行為法Ⅱ（第2版）4,600円
不法行為法Ⅲ（第2版）近刊
憲法判例研究会 編淺野博宣・尾形健・小島慎司・
宍戸常寿・曽我部真裕・中林暁生・山本龍彦
判例プラクティス憲法 予4,800円
松本恒雄・潮見佳男 編
判例プラクティス民法Ⅰ・Ⅱ・Ⅲ （全3冊完結）
Ⅰ総則物権 3,600円 Ⅱ債権 3,600円 Ⅲ親族相続 3,200円
成瀬幸典・安田拓人 編
判例プラクティス刑法Ⅰ 総論 4,800円
成瀬幸典・安田拓人・島田聡一郎 編
判例プラクティス刑法Ⅱ 各論 予4,800円

日本立法資料全集本卷201
広中俊雄 編著

日本民法典資料集成 1
第1部 民法典編纂の新方針

４６倍判変形　特上製箱入り 1,540頁

① **民法典編纂の新方針** *200,000円* 発売中
② 修正原案とその審議：総則編関係　近刊
③ 修正原案とその審議：物権編関係　近刊
④ 修正原案とその審議：債権編関係上　続刊
⑤ 修正原案とその審議：債権編関係下　続刊
⑥ 修正原案とその審議：親族編関係上　続刊
⑦ 修正原案とその審議：親族編関係下　続刊
⑧ 修正原案とその審議：相続編関係　続刊
⑨ 整理議案とその審議　続刊
⑩ 民法修正案の理由書：前三編関係　続刊
⑪ 民法修正案の理由書：後二編関係　続刊
⑫ 民法修正の参考資料：入会権資料　続刊
⑬ 民法修正の参考資料：身分法資料　続刊
⑭ 民法修正の参考資料：諸他の資料　続刊
⑮ 帝国議会の法案審議　続刊

―附表　民法修正案条文の変遷

信山社

信山社

岩村正彦・菊池馨実 責任編集

社会保障法研究

創刊第1号

＊菊変判並装／約350頁／予価5,000円＊

創刊にあたって
社会保障法学の草創・現在・未来

荒木誠之 ◎ **社会保障の形成期**──制度と法学の歩み

◆ 第1部　社会保障法学の草創

稲森公嘉 ◎ **社会保障法理論研究史の一里塚**
　　　　　　　──荒木構造論文再読

尾形　健 ◎ **権利のための理念と実践**
　　　　　　　──小川政亮『権利としての社会保障』をめぐる覚書

中野妙子 ◎ **色あせない社会保障法の「青写真」**
　　　　　　　──籾井常喜『社会保障法』の今日的検討

小西啓文 ◎ **社会保険料拠出の意義と社会的調整の限界**──西原道雄「社会保険における拠出」「社会保障法における親族の扶養」「日本社会保障法の問題点（一　総論）」の検討

◆ 第2部　社会保障法学の現在

水島郁子 ◎ **原理・規範的視点からみる社会保障法学の現在**

菊池馨実 ◎ **社会保障法学における社会保険研究の歩みと現状**

丸谷浩介 ◎ **生活保護法研究における解釈論と政策論**

◆ 第3部　社会保障法学の未来

太田匡彦 ◎ **対象としての社会保障**
　　　　　　　──社会保障法学における政策論のために

岩村正彦 ◎ **経済学と社会保障法学**

秋元美世 ◎ **社会保障法学と社会福祉学**
　　　　　　　──社会福祉学の固有性をめぐって

第 3 章
核兵器の拡散にどう対応するのか

── 核兵器の不拡散 ──

第3章 核兵器の拡散にどう対応するのか

本章のねらい

　本章は，新たな核兵器国の出現を防止する核不拡散あるいは拡散防止の問題を取り扱うものであり，まずその中心である核不拡散条約（NPT）がどのように成立し，その内容はどういうものなのかを明らかにする。次にそのNPTの普遍性確保に関して条約への加入の状況およびNPTに対する各国の状況を検討する。第2に，NPTをめぐる諸問題として，国際原子力機関（IAEA）が条約義務の検証のために実施する保障措置の内容とその強化の過程，さらに強化に抵抗する国々の態度を考える。またNPTの弱体化を導く最近の動きとして，北朝鮮の核開発の問題およびイランの核開発疑惑の問題を検討する。第3に，5年ごとに開催されるNPT再検討会議における議論を紹介し，延長会議と同時開催された1995年，最終文書の採択に成功した2000年および将来の行動計画について合意した2010年の会議を検討する。

Ⅰ 核不拡散条約（NPT）

(1) NPT の交渉過程とその内容

米国，ソ連，英国が核実験を実施し核兵器を増強する中で，1950年代後半に，米国の核兵器が西ドイツに配備され，また原子力の平和利用が先進工業国で開始されるようになった。同時にフランスが1960年に，中国が1964年に核実験を実施したため，放置すると一層多くの国が核兵器を保有するようになり，そうなると核戦争の可能性も大きくなることが危惧されるようになった。

条約交渉は1965年から18カ国軍縮委員会で開始され，米国とソ連が中心となって条約が作成されていった。条約の基本的義務である核兵器の移譲と受領の禁止および生産の禁止は米ソの合意で決定され，その後，保障措置に関する規定，原子力の平和利用および核軍縮に関する規定などが合意され，NPTは1968年7月1日に署名され，1970年3月5日に発効した。

この条約の基本的な前提は，核兵器国と非核兵器国の区分である。条約において，核兵器国とは，1967年1月1日前に核兵器を製造しかつ爆発させた国であると定義されており，米国，ソ連（ロシア），英国，フランス，中国が核兵器国であり，その他のすべての国は非核兵器国となる。

第1の義務は，核兵器国は，核兵器をいかなる者にも移譲しないこと，非核兵器国は核兵器をいかなる者からも受領しないことである。現在もNATOの非核兵器国に米国の核兵器が配備されているが，その「管理」が移譲されない限り，条約の禁止の対象とはならない。

第2の義務は，非核兵器国は核兵器を製造しないことを約束して

第3章 核兵器の拡散にどう対応するのか

表3-1 核不拡散条約の概要

第1条	核兵器の移譲禁止
第2条	核兵器の受領・製造禁止
第3条	IAEA保障措置の受諾
第4条	原子力平和利用の権利
第5条	平和的核爆発
第6条	核軍縮交渉継続の義務
第7条	非核兵器地帯の奨励

いる。原子力の平和利用が核兵器に転用される危険があるため、非核兵器国はその平和利用が悪用されていないことを検証するために、第3条により国際原子力機関（IAEA）の保障措置を受けなければならない。

このように、条約の基本的義務は非核兵器国が核兵器を受領しまたは製造しないことを規定するもので、核兵器の保有を認められる5つの国と核兵器の保有が永久に認められないその他のすべての国の区分という基本的構造をもつこの条約は、その意味で差別的な性質を持っている。この差別性を少しでも緩和するために挿入されたのが、非核兵器国にも原子力平和利用の権利を一般的に承認し援助の可能性を定めた第4条、および核兵器国が核軍縮のために誠実に交渉を継続すると約束している第6条である。

(2) NPTの普遍性確保

条約が交渉されていた1960年代に、条約がないと核兵器を保有するかもしれないと考えられた国は、西ドイツ、日本、カナダ、スウェーデン、スイス、その他の西欧諸国など先進工業国であり、この懸念が米ソが条約作成を急いだ直接の要因となっている。しかしこれらの諸国はすべて1970年代に条約に加入している。その後冷戦期において核拡散の危険のある国としては、インド、イスラエル、南アフリカ、パキスタン、ブラジル、アルゼンチンなどがあった。

冷戦が終結したことを受けて、米ソの支配体制に反対していたフランスと中国もNPTに加入し、一時6個の核兵器を保有していた南アフリカが、1991年にそれらをすべて廃棄して非核兵器国とし

I 核不拡散条約（NPT）

てNPTに加入した。また南米で核開発競争を行っていたブラジルとアルゼンチンもその計画を放棄し，条約に加入した。ソ連の崩壊により，ウクライナ，カザフスタン，ベラルーシにも核兵器が存在したが，これらの3国は1994年までに非核兵器国としてNPTに加入し，自国に存在する核兵器をすべてロシアに移送した。

　差別的な性質をもつNPTであるが，このように世界中の多くの国が加入し，条約の普遍性は拡大していった。それは差別的であるが核兵器の拡散を防止することが国際平和のために重要であるという認識が一般に持たれたからである。しかし，いまだにNPTに加入していないのはインド，イスラエル，パキスタンの3国である。インドとパキスタンは1998年5月に核実験を実施し，イスラエルは実験していないが多くの核兵器を保有していると考えられている。NPTの締約国である北朝鮮は，1993年3月に条約からの脱退を表明し，それは撤回したが，2003年1月に再び条約からの脱退を表明し，2006年および2009年に核実験を実施した。

表3-2　核兵器に関する諸国の立場

NPTで核兵器の保有を認められた国	米国，ロシア，英国，フランス，中国
NPT締約国でない核兵器保有国	インド，イスラエル，パキスタン，北朝鮮
核兵器開発の疑惑を持たれている国	イラン，シリア
過去に核兵器を開発したが放棄した国	アルゼンチン，ブラジル，イラク，南アフリカ，リビア
核兵器の取得を自主的に放棄した主な国	オーストラリア，オーストリア，ベルギー，カナダ，チェコ，デンマーク，フィンランド，ドイツ，ハンガリー，アイルランド，イタリア，日本，オランダ，ノルウェー，ポーランド，スロバキア，韓国，スペイン，スイス

第3章　核兵器の拡散にどう対応するのか

II　NPTをめぐる諸問題

(1) IAEA保障措置とその強化

国際原子力機関（IAEA）は，原子力平和利用の促進を主たる目的として1957年にウィーンに設置されたが，それとともに平和利用の原子力が軍事利用に転用されないことを確保し検証するために保障措置を適用するという重要な任務を持っている。1970年に発効した核不拡散条約（NPT）の不拡散の義務を検証するため，非核兵器国はそのすべての核物質に対してIAEAの保障措置を受け入れることになった。これが包括的保障措置で，NPT締約国となった非核兵器国はすべて，一定期間内にIAEAと保障措置協定を締結し，原子力平和利用に関してIAEAの査察を受けることになっている。

この包括的保障措置は，非核兵器国が自国の核物質の情報をIAEAに提供し，主として施設ごとにいくらの核物質がいつ出入りしたかという計量管理を行い，それが違法に使用されないことを確保するものである。この制度は締約国が協定の義務を正しく履行しているということを前提として，締約国からの申告に基づいて実施するものであった。しかしその後の進展の中で，イラクや北朝鮮のように，必ずしも正しく申告せず，秘密裏に核兵器を開発していたという事例が発覚し，この制度の限界が明らかになった。

イラクは長年IAEAの保障措置を受け，IAEAはイラクについては問題はないと報告していたが，1991年の湾岸戦争の後の査察により，イラクは秘密裏に核兵器の開発を行っており，その施設については申告していなかったことが判明した。北朝鮮も1992年の冒頭報告をIAEAが査察した時に，その報告が不完全であること

が判明した。そのため IAEA は 1993 年から保障措置システムの実効性の強化のための検討を開始し，1997 年に「追加議定書のモデル」を作成した。

追加議定書は包括的保障措置と一体不可分であり，保障措置を強化するために，広い範囲の新たな情報提供義務が定められ，また査察員の立ち入りの権利が拡大されている。これまでは核物質の量と種類に関する情報の申告のみが要求されていたが，追加議定書では締約国の原子力活動全般に関して莫大な情報の申告が求められることになった。また査察員の立ち入り可能な場所はこれまでは申告された施設に限定されていたが，追加議定書では，疑いのある原子力サイトのあらゆる場所および環境サンプリングのためその国のすべての場所に査察員が立ち入ることができるようになった。すなわちこれまでは締約国の申告が正しいかどうかの「正確性」を検証していたが，追加議定書はさらに申告が完全であるかどうかの「完全性」をも検証するようになった。

表 3-3 追加議定書による新たな義務

```
1 拡大申告──IAEA への情報提供の拡大
 ・核物質を伴わない核燃料サイクル関連研究開発活動
 ・原子力サイト関連情報
 ・濃縮・再処理など特定の原子力関連資器材の製造・組立情報
 ・原子力関連資器材の輸出入情報
 ・今後 10 年間の原子力開発計画
2 補完的アクセス
 ・核物質を用いない場所や原子力サイト外の立ち入り
   （24 時間または 2 時間前の通告）
 ・サイト内外での環境サンプリングの実施
```

追加議定書は，その国の原子力平和利用が本当に平和利用に限定されていることを検証するのに優れたものであり，日本，カナダ，

オーストラリアなど原子力先進国はこの追加議定書をすでに受け入れており、核兵器国とともにこの追加議定書は保障措置の基準であり、すべての国はこの追加議定書を受け入れるべきであると主張している。

他方、開発途上国は、追加議定書の受諾は NPT 締約国の義務ではなく新たな協定であるから、それを受諾するかどうかは義務ではなく自発的なものであると主張し、また追加議定書は NPT の基本的権利とされている原子力平和利用の権利を妨げるものであると反論している。

(2) 北朝鮮とイラン

北朝鮮は 1985 年に NPT に加入したが IAEA との保障措置協定を締結せず、1992 年に冷戦終結などの変化の後にやっと保障措置協定を締結した。北朝鮮の冒頭報告に対して IAEA が特定査察を行ったところ、報告との違いが発見され、IAEA は 1993 年 2 月に北朝鮮に特別査察を要請したが、北朝鮮はそれを拒否するとともに、3 月 12 日には NPT からの脱退を通告した。その後の米朝高官協議で進展があったため、北朝鮮は脱退を一時停止した。

1994 年 10 月に米国と北朝鮮は枠組み合意に署名し、① 北朝鮮の軽水炉建設に協力する、② 政治的経済的関係の完全な正常化に向けて動く、③ 非核の朝鮮半島のため協力する、④ 国際不拡散体制の強化に協力することに合意した。しかしこれは履行されなかった。

2002 年 10 月に北朝鮮のウラン濃縮計画が発覚し、米朝関係が悪化し、2003 年 1 月に北朝鮮は NPT からの脱退を再び声明した。米朝の他に日本、中国、ロシア、韓国を含む 6 者協議が 2003 年 8 月より開始され、2005 年 9 月には、6 者協議で ① 北朝鮮がすべての核計画を放棄すること、② 米国は北朝鮮を攻撃する意図がないことの表明などに合意された。しかしその後 2006 年 10 月 6 日に北朝鮮は初めての核実験を実施した。ブッシュ政権の時代には米朝交渉

表 3-4 北朝鮮核問題の年表

1985.12	北朝鮮 NPT 加入
1991.12	南北,朝鮮半島非核化宣言
1993.2	北朝鮮の核疑惑発生
1993.3	北朝鮮 NPT 脱退を通告
1994.10	米朝枠組み合意
2002.10	北朝鮮の濃縮計画
2003.1	北朝鮮 NPT 脱退を表明
2005.9	6者協議,共同声明
2006.10	北朝鮮初の核実験
2008.10	北朝鮮のテロ支援国家指定解除
2009.5	北朝鮮2回目の核実験
2010.11	北朝鮮大規模なウラン濃縮

で,米国は北朝鮮のテロ支援国家指定を解除したが,事態は進展しなかった。

オバマ政権になり米国の積極的関与が期待されたが,北朝鮮は2009年4月に長距離ミサイル実験を行い,それを非難する国連安保理議長声明に対して,6者協議への不参加を表明した。さらに5月25日には2回目の核実験を実施したため,国連安保理は新たな制裁決議を採択した。その後も北朝鮮による韓国への軍事的行動などがあり,また2010年11月には北朝鮮が大規模のウラン濃縮施設を稼働していることが判明し,事態は悪化の方向に向かっている。

イランの核疑惑は2002年8月に発覚したウラン濃縮計画から始まり,ウラン濃縮停止を求めて当初英国,ドイツ,フランスがイランと交渉し,IAEAが警告決議を採択したが問題は解決せず,2006年1月にイランはウラン濃縮を再開した。6月に国連安保理の5常

表3-5 イランの核疑惑年表

1970.2	イラン NPT を批准
2002.8	イランの核計画が発覚
2004.11	イランと英仏独が合意
2005.9	IAEA が保障措置協定違反を認定
2006.1	イランがウラン濃縮再開
2006.6	6カ国が包括的な提案
2006.12	国連安保理決議,ウラン濃縮停止
2007.3	国連安保理決議,制裁
2008.9	国連安保理決議,追加制裁
2009.9	イラン第2のウラン濃縮施設
2009.10	6カ国との合意拒否
2010.6	安保理決議,新たな制裁措置
2011.1	6カ国との協議不調

任理事国とドイツは,イランに対して濃縮活動停止の要求と経済援助など大きな見返りを含んだ包括提案を行ったが,イランは受け入れなかった。

2006年12月および2007年3月に国連安保理は決議を採択し,イランが濃縮活動を停止すべきことを決定し,一定の制裁を科したが,イランは拒否した。2008年3月に安保理は,ウラン濃縮停止を求め,さらに追加的な制裁を科す決議を採択したが,イランは拒否し濃縮活動を継続している。2009年に米国ではオバマ政権が発足し対話を呼びかけたが,事態は進展せず,9月にはイラン中部コマ近郊に2番目のウラン濃縮施設が存在することが判明した。10月に上記の6カ国とイランの間で,イラン産低濃縮ウランの大半を国外に持ち出し,燃料加工した後に同国に戻すことが一旦合意され

たが、イランはその後拒否した。

2010年6月に国連安保理は新たな決議を採択し、濃縮施設、再処理施設、重水関連施設の即時停止と新規建設の禁止、通常兵器の供与禁止、弾道ミサイル活動の全面禁止、革命防衛隊の資産凍結など新たな制裁措置を決定した。2011年1月の上記6カ国とイランの協議も物別れに終わり、3月にはIAEA事務局長は、イランが核兵器を開発していないとは確証できないと報告している。

このように、核拡散に関する現在の最大の課題である北朝鮮およびイランの問題に関して、どちらも事態は悪化の方向に進んでおり、短期の全面的解決は困難であろうが、関与と圧力により、問題の平和的な最終的解決を目指しつつ国際社会は行動すべきであろう。

Ⅲ NPT再検討会議と今後の課題

(1) 1995年・2000年再検討会議

NPTは5核兵器国のみに核兵器の保有を認めていることから差別的性質をもつが、それを緩和するための1つの措置として5年ごとに再検討会議が開催され、条約の運用が検討されている。最初の4回の会議は大きな進展を見なかったが、1995年の会議は条約の延長を決める会議でもあった。すなわちNPTは差別的であるので無期限の条約ではなく、25年間有効としその後どう延長するかを決める延長会議が1995年に予定されていた。

1995年のNPT再検討・延長会議は、無期限の延長を決定するとともに、「条約の再検討プロセスの強化」、「核不拡散と核軍縮の原則と目標」および「中東決議」をパッケージで採択した。再検討プロセスに関する文書は、再検討の機会を増やしました再検討の内容を拡大するものであり、中東決議は中東に核兵器や大量破壊兵器のな

い地帯を設置する努力を奨励するものである。

核不拡散と核軍縮の原則と目標に関する文書は，条約への普遍的参加の重要性，不拡散のための条約の履行とともに，核軍縮措置として①包括的核実験禁止条約（CTBT）の1996年中の完成，②兵器用核分裂性物質生産禁止条約（FMCT）の即時交渉開始と早期締結，③核兵器削減の決意を持った追求を勧告している。さらに非核兵器地帯の設置の奨励，非核兵器国に対する核兵器の使用禁止（消極的安全保証），IAEA保障措置の強化と効率化，原子力平和利用の権利の確保などを含んでいる。

2000年の会議では，過去の条約履行状況の検討についても将来とるべき措置についても合意が達成され，コンセンサスで最終文書が採択された。不拡散については条約違反問題および普遍性の問題が検討され，検証については包括的保障措置と追加議定書の重要性が強調され，核軍縮については具体的な13項目が勧告され，さらに非核兵器国への安全保証の提供などが議論され合意されている。

この会議で中心的な役割を果たしたのは新アジェンダ連合（NAC）で，それはブラジル，エジプト，アイルランド，メキシコ，ニュージーランド，南アフリカ，スウェーデンの7カ国で構成され，5核兵器国との交渉を行い有益な措置の合意へと導いた。特に重要なのは核軍縮に関する13項目であり，それは，核兵器を廃絶するという核兵器国の明確な約束を含み，CTBTの早期発効，FMCTの交渉開始，核軍縮の協議開始，安全保障政策における核兵器の役割の低減，核兵器の運用状況の低下，非戦略核兵器の一層の削減などの措置を勧告している。

この会議の後，2001年に米国でブッシュ政権が誕生し，外交全般において国際協調主義ではなく単独主義，国連や国際法ではなく力を強調し，核不拡散のさまざまな措置を取っていったが，核軍縮にはまったく関心をもたなかった。そのため2005年の再検討会議は，核不拡散だけ議論し核軍縮は議論しないという米国と，核軍縮

III NPT再検討会議と今後の課題

も同時に議論すべきだとする多くの国が対立し,会議は決裂し失敗に終わった。

(2) 2010年再検討会議

　米国では2009年にオバマ大統領が出現し,ブッシュ大統領とは大きく異なる外交政策を展開し,核軍縮をきわめて重要視し,核兵器のない世界を追求するために各国と協調することを約束した。2010年のNPT再検討会議の成功に向けてオバマ大統領はさまざまな措置を取っていった。まずロシアとの間で戦略兵器削減交渉を開始し,2010年4月には新戦略兵器削減条約(新START条約)の署名に至った。また2009年9月には国連安保理としては初めての核不拡散・核軍縮に関するサミットを開催し,5核兵器国を含む各国首脳間で議論を行い,安保理決議1887を採択した。また2010年4月に発表された米国の核態勢見直し(NPR)報告書は,ブッシュ政権とは対照的な政策を多く採用し,新たな核兵器を開発しない,核実験を行わない,核兵器に新たなミッションを与えない,非核兵器国には核兵器を使用しないなど,核軍縮に向けたさまざまな政策を打ち出した。

　2010年の再検討会議は,このような米国の核軍縮に向けての積極的な態度を背景として,各国もきわめて協力的に行動したため,最終文書を採択し,今後の行動計画として64項目に合意している。会議ではイランなど若干の国が会議の進展を妨害する行動をとったが,ほとんどすべての国は,核不拡散体制が弱体化しているのを回復し,さらに強化しなければならないと考え,核兵器国は一定の核軍縮措置を追求することに合意し,会議は一般に成功であったと考えられている。

表 3-6　2010 年 NPT 再検討会議の主要な行動計画

行動 1	核兵器のない世界を達成するという目的と一致した政策を追求する。
行動 3	核兵器国は，すべてのタイプの核兵器を削減し究極的に廃絶する。
行動 4	米ロは，新 START 条約の早期発効と完全履行を求め一層の削減を達成する。
行動 5	軍事的・安全保障上の政策において，核兵器の役割と重要性を低減させる。 核兵器の使用を防止し究極的にその廃絶へと導き，核戦争の危険を減少させる。 核兵器システムの運用状況をさらに低下させる。
行動 6	軍縮会議が，核軍縮を取り扱う補助機関を即時に設置すべきことに合意する。
行動 7	軍縮会議が，非核兵器国に対する効果的な国際取決めの議論を始める。
行動 10	すべての核兵器国は，適切に CTBT を批准することを約束する。
行動 15	軍縮会議が，FMCT の交渉を即時に始めるべきことに合意する。

核軍縮については，オバマの主張する核兵器のない世界に向かって努力することが一般に受け入れられ，核兵器禁止条約を勧める国連事務総長の案が注目されている。また核兵器使用への人道的側面からの批判が広く共有され，使用禁止の方向が示され，安全保障政策における核兵器の役割の低減が勧告されている。これは核兵器の唯一の役割は他国による核兵器の攻撃を抑止するものであるとする考え方を進めようとするものであり，核兵器を保有しない国に対しては核兵器を使用しないという消極的安全保証の考えを広めようとするものである。役割低減の 1 つとして，核兵器をいつでもすぐに発射できる警戒体制から外すことも議論されている。

Ⅲ　NPT再検討会議と今後の課題

　2000年の最終文書と同じものとしては，CTBTの早期発効，FMCTの早期交渉開始，核軍縮の協議開始など多くの措置が含まれている。これは2000年に合意されたことが，特にブッシュ政権の出現により履行されなかったことを意味しており，「核兵器を廃絶するという明確な約束」とともに，2000年に合意された諸措置がこの会議で再確認されている。

(3)　今後の核不拡散の課題

　核不拡散体制は，2010年再検討会議の最終文書によりその重要性が再確認され，その一層の強化のためにすべての国が努力すべきことが合意されているが，そのためにはさまざまな課題が存在している。最も重要なのは核不拡散そのものの強化であり，現在最も緊急な問題となっているのは，北朝鮮とイランである。北朝鮮はすでにNPTから脱退し，核実験を行ったが，2005年の共同声明では一定の条件の下で非核化に合意しているので，その目的を追求することが必要である。それは中国を議長とする6者協議の場が一般に考えられるが，米国のより積極的な関与に基づく米朝の直接交渉も実施されるべきであろう。

　イランに関しては，イランの濃縮活動は平和目的のものであり，イランは核兵器を保有する意図はないと自ら宣言しているが，IAEAその他の情報によれば，イランの原子力活動がすべて平和利用であると確認できないと述べられており，イランの実際のさまざまな活動を総合すると平和目的限定であるとは説明できない事態となっている。現在のところ，国連の制裁と安保理常任理事国とドイツとの交渉という形で，圧力と関与の双方から事態の打開が図られているが，近い将来に決着する見込みは大きくない。

　北朝鮮の場合と同様に，解決が遅れれば遅れるほどイランの濃縮活動や他の核関連の活動が進展し，核兵器の開発に近づいていくことになるので，早急に有効な措置をとるべきである。

第3章 核兵器の拡散にどう対応するのか

　不拡散の関係で重要なもう1つの課題は，条約に加入しないで核兵器を開発し保有しているインド，イスラエル，パキスタンを，核不拡散強化のためどう取り扱うかという問題である。これら3国が近い将来にNPTに加入するとは考えられないので，間接的に核不拡散体制に取り込むことが必要である。その第1は，これらの諸国がCTBTを署名し，批准するよう仕向けることであり，第2にこれらの諸国を含めてFMCT交渉を早期に開始することである。パキスタンが反対していることで当面はその参加は難しいかもしれないが，核軍備競争を質的側面と量的側面の両方から停止させることが重要である。

　これら3国はNPTに加入していないので，NPTに違反しているわけではないが，多くの国が支持している国際不拡散体制に反対しているので，これらの国を核兵器国として取り扱ったり，NPT締約国より有利な条件で取引をすることなどは極力避けるべきである。そうでないとNPT締約国として不拡散の義務を厳守している国々に誤ったシグナルを送ることになる。特に米印原子力協力などは避けるべき行為であったと考えられる。

　第2に核軍縮はそれ自体で国際の平和と安全の維持および強化に貢献するものであるが，NPTの中の義務のバランスの点からも，核兵器国が核軍縮を推進することは核不拡散の差別性を緩和し，新たな核不拡散措置の受け入れを容易にするものであるので，特に2010年のNPT再検討会議で合意された行動計画に挙げられたさまざまな措置を早急に実施していくべきである。

　第3の原子力平和利用に関しては，核不拡散の側面からいくつかの制限が課せられる事態となっており，開発途上国から批判されることがある。基本的には両者が調和的に共存できる体制を作るべきであろうが，実際に対立が生じる局面においては，両者の共存部分を最大限確保し，その後は核不拡散が担保される範囲で原子力平和利用が認められるべきであろう。追加議定書にしても，原則的に

は反対であっても,実際には認めている国もあり,特に核兵器国がまったく核軍縮を実施しない状況で新たな核不拡散措置が導入されることに反対していた開発途上国も見受けられる。NPT の義務のバランスを確保しつつ,問題の解決を図るべきであろう。

● 今後の課題 ●

1 核不拡散体制を強化する。
　　北朝鮮とイランの核問題を平和的に解決する。
　　インド,イスラエル,パキスタンの核に対応する。
2 核軍縮を具体的に進展させる。
3 原子力平和利用を核不拡散と調和させる。

第4章
核軍拡競争をどう止めるのか
―核実験と核物質生産の禁止―

第4章　核軍拡競争をどう止めるのか

本章のねらい

　本章は、核軍拡競争を質的に停止させる措置としての核実験の禁止、および核軍拡競争を量的に停止させる措置としての核分裂性物質の生産禁止について総合的に検討することを目的としている。はじめにどれだけの核実験がどの国によって行われてきたかを明らかにし、それを禁止するための国際社会の努力として、部分的核実験禁止条約（PTBT）および包括的核実験禁止条約（CTBT）の交渉過程と内容を詳細に考察し、それらの意義を考える。その後、条約が署名されて15年も経つのにまだ発効していないCTBTはなぜ発効しないのか、特に条約発効要件国の問題および今後の課題を考える。最後に核軍拡競争の量的な側面を規制しようとする兵器用核分裂性物質生産禁止条約（FMCT）も15年以上議論されているのにいまだに交渉が開始されない状況にある。この問題をめぐる議論を紹介し、今後の課題および進むべき方向を検討する。

I 核実験の実態と部分的核実験禁止条約（PTBT）

(1) 核実験の実施の実態

　1945年7月に最初の核実験が米国ニューメキシコのアラモゴードで実施されて以来，2009年の北朝鮮による核実験まで2054回の核実験が行われてきた。まず米国から始まり，ソ連が1949年に，英国が1952年に，フランスが1960年に，中国が1964年に最初の核実験を実施した。1963年には部分的核実験禁止条約（PTBT）が発効し，1970年には核不拡散条約（NPT）が発効した。

　その後1974年にインドが最初の核実験を行い，1990年に冷戦が終結し，1996年には包括的核実験禁止条約（CTBT）が署名された。その後パキスタンが1998年に，北朝鮮が2006年に最初の核実験を実施した。CTBTはまだ発効していない状況である。これらの動きをまとめたのが**表4-1**であり，縦軸には各国の最初の核実験が行われた年および重要な出来事が起こった年を掲げ，横軸には核実験を行った8カ国を掲げて，その時点における核実験数の累計を表したものである。

　図4-1は，これまで核実験が実施されてきた場所を示すものであり，世界中のさまざまな場所で実施されてきたことが分かる。

第4章　核軍拡競争をどう止めるのか

表 4-1　主な出来事と各国の核実験の累計

年	出　来　事	米国	ソ連/ロシア	英国	フランス	中国	インド	パキスタン	北朝鮮
1945	米国の最初の核実験	3							
1949	ソ連の最初の核実験	8	1						
1952	英国の最初の核実験	34	3	1					
1960	フランスの最初の核実験	196	83	21	3				
1963	PTBT の発効	349	230	23	9				
1964	中国の最初の核実験	394	230	25	12	1			
1970	NPT の発効	663	331	26	39	11			
1974	インドの最初の核実験	760	416	27	63	16	1		
1990	冷戦の終結	1,019	715	44	198	36	1		
1996	CTBT の署名	1,032	715	45	210	45	1		
1998	パキスタンの最初の核実験	1,032	715	45	210	45	3	2	
2006	北朝鮮の最初の核実験	1,032	715	45	210	45	3	2	1
2010		1,032	715	45	210	45	3	2	2

出所：SIPRI Yearbook 2010 を参照し著者が作成

Ⅰ 核実験の実態と部分的核実験禁止条約（PTBT）

図 4-1 核実験が実施された主な場所

(2) 部分的核実験禁止条約（PTBT）

1950年代に入って米国は水爆実験を太平洋諸島で実施するようになり、特に1954年3月にビキニ環礁で実施した核実験で日本の第5福龍丸乗組員が放射性降下物の被害を受けた。この事件を契機に国際的に核実験禁止の世論が盛り上がり、米英ソの3国が核実験禁止条約の交渉を始めた。当初は核実験の包括的な禁止を追求したため、現地査察の回数に関する意見の対立などがあり交渉は進展しなかった。

1963年に入り、地下を除く核実験の禁止を定める条約の交渉に移ったため、交渉は短期間でまとまり、1963年8月5日に部分的核実験禁止条約（PTBT）が署名され、同年10月10日に発効した。この条約は、大気圏内、宇宙空間、水中における核実験を禁止するものである。地下での実験が除外されたため検証の規定も含まれていない。大気圏内核実験による放射性降下物による被害をなくすという意味においてこの条約は重要な意味を持っているが、実験は地下で継続されたので、核兵器国の核軍拡競争を停止させるという目

的は達成されていない。技術的に進んでいたこれら3国はその後地下で多くの核実験を実施することになった。

その点からして、この条約には、新たに核兵器を取得しようとする技術的に遅れた国に核実験をさせないことにより、核不拡散の目的を達成しようとする意図が含まれている。しかしフランスと中国はこの条約に加入することなく、この条約発効後も大気圏内核実験を継続した。フランスは1960年代半ばに南太平洋のムルロア環礁で核実験を開始したが、放射性降下物の被害を受けたオーストラリアとニュージーランドは、1973年に大気圏内核実験の停止を求めて国際司法裁判所（ICJ）にフランスを提訴した。フランスはこれを契機に大気圏内核実験を停止し、今後は地下で行うという意思を表明した。

このように条約当事国でないフランスに対してもこの条約は一定の効果を持ち、大気圏内核実験を行うことが国際的に困難であるという規範意識が生じていた。しかし**表4-1**からも明らかなように、米国もソ連も1963年以降も冷戦終結まで非常に多くの核実験を実施しており、新たな核兵器の開発などが精力的に行われており、核軍拡競争の停止にはまったく役に立たないものであった。

II 包括的核実験禁止条約（CTBT）

(1) CTBTの交渉過程

冷戦の終結後、米国は1992年、ロシアは1990年、英国は1991年、フランスは1991年の核実験を最後に核実験モラトリアム（自主的な一時停止）を実施し、核実験を実施しない傾向が国際的な流れになった。ただ中国はその後も、最も核兵器の開発が遅れている国だとして、年に1、2回の核実験を継続していた。1993年にク

リントン大統領がモラトリアムの継続とともに包括的核実験禁止条約（CTBT）の交渉の可能性に言及したことから，本格的な交渉が1994年1月からジュネーブの軍縮会議で開始された。

　この時期に交渉が開始された要因として冷戦の終結が最も重要であるが，もう1つの要素は1995年にNPT再検討・延長会議が予定されていたことがある。この会議で無期限延長を勝ち取りたい米国など核兵器国は，そのためにはNPT第6条の核軍縮交渉義務を誠実に履行している姿勢を示し，無期限延長について非核兵器国の賛成を得る必要があった。特に非同盟諸国はCTBTの完成が無期限延長の条件であると主張していた。逆に英仏はNPTの無期限延長の決定がCTBTの条件であると主張していた。この問題は1995年のNPT会議の合意文書の中で，CTBTを1996年中に完成させるという形で解決された。

　1994年から開始された交渉はさまざまな議論を経て，1996年8月に一応の条約案が作成されたが，軍縮会議はコンセンサス方式で運営されているため，インド1国が強硬に反対したため，軍縮会議は条約を採択することはできなかった。そこでこの条約案は軍縮会議を迂回した形で，国連総会に提出されそこで圧倒的多数で採択され，署名のために開放された。

(2) CTBTの義務の内容

　この条約で禁止されているのは，「あらゆる場所における」核兵器の実験的爆発であり，これにより地下核実験が禁止されたことは大きな進展であり，正式名も「包括的」核実験禁止条約となっている。技術の発展とともに開発途上国であっても最初から地下核実験を行うことは可能になっているので，核不拡散の観点からも地下での核実験の禁止は有益なものである。

　しかし注意を要するのは，この条約で禁止されているのは「核兵器の実験的爆発」であって，「核兵器の実験」ではないことであ

る。条約交渉において当初は核兵器国は小規模の実験的爆発を例外として許容すべきであると主張していたが、最終的には「真のゼロ威力」となり、いかに小規模であっても爆発を伴う実験はすべて禁止されることになった。これ自体は一定の進歩であるが、爆発を伴わない核兵器に関する実験、すなわち核爆発が起こる直前に停止する「未臨界（臨界前）核実験」は禁止されていない。

核兵器国は、未臨界核実験は、保有する核兵器の信頼性と安全性を維持するために不可欠であり、新たな核兵器の開発を行うものではないと説明しているが、専門家の間では未臨界核実験であっても新たな核兵器の開発に有益であると言われている。米国は未臨界実験を含む大規模な「科学的備蓄管理計画」を推進しており、核実験が禁止されても核兵器の安全性と信頼性を維持しようとしている。条約はまた実験の準備は禁止しておらず、実験場を閉鎖することも義務づけていない。

この条約は、包括的核実験禁止条約機関（CTBTO）の設置を予定し、その内部機関として締約国会議、執行理事会、技術事務局を備えている。条約義務の履行を確保するための検証制度は、国際監視システム、協議と説明、現地査察から構成されている。この国際監視システムには、地震波監視、放射性核種監視、水中音波監視、微気圧振動監視の4つが含まれており、これらの観測所が世界中に設置され、ネットワークが形成される。条約がまだ発効していないためCTBTOは設立されていないが、暫定事務局がすでに設置され、観測所のネットワークもすでに大部分が完成し稼働している。

違反の疑いがある場合に、締約国が執行理事会に要請することにより現地査察を実施することができる。その方

表4-2　CTBTの概要

第1条	基本的義務
第2条	機関（CTBTO）
第3条	国内実施措置
第4条	検証
第5条	遵守確保措置
第6条	紛争の解決

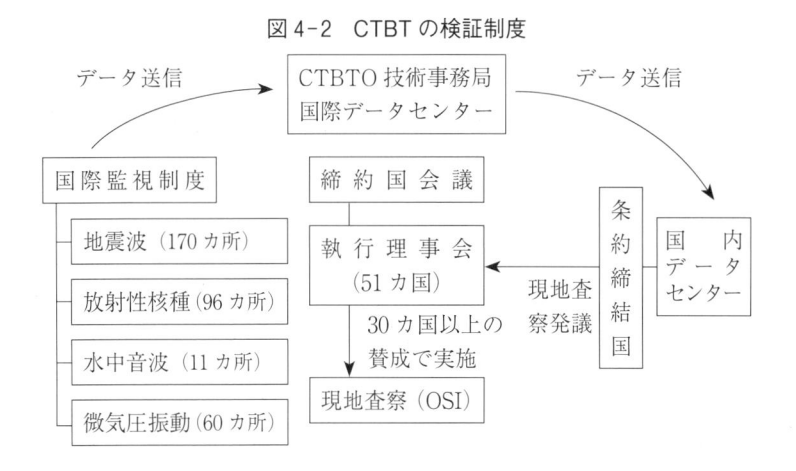

Ⅱ 包括的核実験禁止条約（CTBT）

図4-2 CTBTの検証制度

```
                    CTBTO技術事務局
データ送信  →      国際データセンター      ← データ送信
    ↑                                              ↓
国際監視制度        締約国会議      条  国
 ├地震波（170カ所）    ↓        約  内
 ├放射性核種（96カ所） 執行理事会  締  デ
 ├水中音波（11カ所）  （51カ国） ← 結  ー
 └微気圧振動（60カ所）   ↓    現  国  タ
             30カ国以上の 地      セ
              賛成で実施  査      ン
                ↓       発      タ
             現地査察（OSI） 議    ー
```

法をめぐって，迅速に実施すべきだとする米国，英国，フランスなどの西側諸国と，それは最後の手段であって慎重に実施すべきだとする中国，インド，パキスタンなどの見解が対立したが，条約では執行理事会の51カ国中30カ国の賛成があれば実施できることと規定された。

(3) CTBTの発効をめぐる諸問題

この条約はまだ発効しておらず，近い将来に発効する見込みもそれほど高くない。その原因は2つあり，1つは条約の発効要件が他の軍縮関連条約に比べてもきわめて厳しいものになっていることであり，もう1つは条約交渉過程を先導した米国がこの条約に反対の姿勢を示してきたことである。

条約交渉過程において，条約の発効要件に関して，日本や米国は5核兵器国と若干の他の国の批准があれば条約は発効すべきだと考えたが，英国，フランス，ロシアは5核兵器国のみならず，インド，イスラエル，パキスタンの批准を条約発効の要件とすべきだと主張した。この時期において米国，ロシア，英国，フランスは核実験モ

ラトリアムを実施しており、これ以上核実験を実施する可能性は低く、インド、パキスタン、イスラエルに核実験をさせないことを条約の基本的目的とするべきであるという考え方であり、核不拡散を重視するものである。

条約規定にそれら3国の名称を列挙することはできないので、5核兵器国とそれら3国を含む基準として、軍縮会議に参加している国であって研究炉または動力炉をもつ国と規定され、44カ国の名前が列挙され、条約の発効のためには44カ国すべての批准が必要と規定された。2011年5月現在で署名もしていないのはインド、パキスタン、北朝鮮であり、署名しているが批准していないのは、米国、中国、イスラエル、イラン、インドネシア、エジプトである。インドネシアは近く批准するものと考えられるが、その他の国が近い将来に批准する予定はない。

米国はクリントン大統領のイニシアティブによる条約交渉の開始に見られるように、CTBTには積極的であり、クリントン政権自体は条約に早期に署名している。しかし上院で多数派である共和党は、CTBTによる核実験の禁止により米国の核兵器の安全性と信

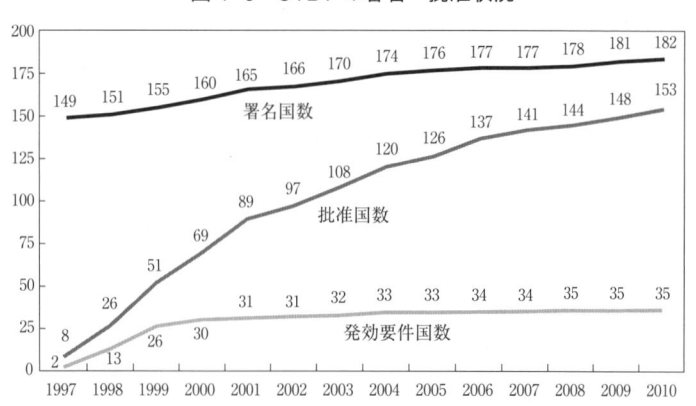

図4-3 CTBTの署名・批准状況

Ⅱ 包括的核実験禁止条約 (CTBT)

頼性が確保できないことと，CTBTは他国の核実験を確実に探知できないという2つの理由から，CTBTは米国の安全保障を危うくするものであると主張し，批准反対を唱えた。共和党が多数である上院は，1999年10月にCTBTの批准を拒否する決定を行った。

2001年に誕生した共和党のブッシュ政権はさらに強硬にCTBTに反対し，CTBTO暫定事務局への分担金の拠出も停止した。大量破壊兵器を獲得しようとする国に対しては核兵器による先制攻撃をもいとわないというブッシュ・ドクトリンにより，ならずもの国家に対する攻撃のため，小型核兵器や地中貫通型核兵器の開発を開始し，それにより核実験が必要になることもあるので，核実験の準備期間の短縮のための措置を取り始めた。

2009年に発足したオバマ政権は核軍縮に熱心であり，CTBTにもきわめて積極的な態度を表明しており，当初からCTBTの上院における批准承認を優先的な政策課題として掲げており，ブッシュ政権のきわめて否定的な状況からは脱却しており，米国による批准が期待できる状況にはなっている。ただ共和党が上院では半数近くを占めており，また条約の批准承認は上院議員の3分の2の多数で決定されるという米国憲法の規定があるため，それほど簡単であるとは思われない。34人が反対すれば批准は拒否されるからである。しかし，オバマ大統領の新START条約の批准に引き続く核軍縮の公約は，CTBTの上院での批准承認であるので，早期の進展が期待される。

(4) CTBTの早期発効に向けて

CTBTの発効に向けての第一歩はやはり，米国による条約の批准である。新START条約の場合もかなりの困難が予想されたが，最終的には共和党上院議員の何人かの賛成も得て批准が承認されているので，CTBTの場合はそれ以上の困難が予想されているが，オバマ大統領が指導力を発揮し，CTBTが米国の安全保障にとっ

て有益であることを説得できれば不可能なことではないだろう。特にロシア，英国，フランスはすでに批准していること，中国は米国が批准すれば続いて批准すると考えられることからして，米国だけが核実験を必要とするという考えはそれほど説得力を持つとは思われない。

米国が批准すれば中国も批准すると一般に考えられており，5核兵器国が批准することにより残りの国々を説得し圧力をかけることも可能になる。その場合地域的なアプローチが有益であると考えられるので，インドとパキスタンの同時加入，イスラエル，エジプト，イランの同時加入を追求すべきであろう。北朝鮮の加入は朝鮮半島非核化の交渉の中で実施されるべきであろう。

また5核兵器国についてはCTBT署名以来続けられている核実験モラトリアムを継続すべきであり，インド，パキスタンも核実験を再開すべきでない。核実験が実施されない期間が長くなるにつれ，条約が発効しなくても核実験の禁止が国際規範として強化されていくので，その努力を続けるべきであろう。またフランスは南太平洋の核実験場を閉鎖し，ソ連時代のセミパラチンスクの核実験場も閉鎖されているので，米国のネバダ，ロシアのノバヤゼムリヤ，中国のロプノルの核実験場も閉鎖の方向に進むべきであろう。

III 核分裂性物質の生産禁止

(1) 兵器用核分裂性物質の現状

上述の核兵器の実験禁止は核軍拡競争の質的側面を規制するものであるのに対して，兵器用核分裂性物質の生産禁止は核軍拡競争の量的側面を規制するものである。すなわち核兵器の材料となる高濃縮ウランとプルトニウムの兵器用の生産を禁止するものである。こ

れらの核分裂性物質は冷戦期を通じて米ソにより非常に多くの量が生産されたが，米国とロシアについてはその後大幅な核削減を実施しており，多くの核兵器の材料が余剰となっている。

英国とフランスについても冷戦終結後自国の核戦力を削減しており，新たな核分裂性物質を必要としていない。これら4カ国はすでに兵器用核分裂性物質の生産を停止しており，生産モラトリアム（自主的な一時停止）を宣言している。他方，中国は生産モラトリアムの宣言をしておらず，核戦力の増強を行っているが，核分裂性物質を生産しているかどうかは明らかではない。

またNPTの外にいるインド，イスラエル，パキスタン，北朝鮮は核分裂性物質の生産を継続していると考えられる。**表4-3**は2009年現在の兵器用核分裂性物質の保有推定量であり，いまだに多くの核分裂性物質が存在していることが分かるが，これらの合計は約21万の核兵器の量に当たる。

表4-3 兵器用核分裂性物質の保有推定量（2009年）

国名	高濃縮ウラン	プルトニウム
米　　　国	508トン	92トン
ロ　シ　ア	700トン	145トン
英　　　国	23.3トン	7.9トン
フランス	35トン	5トン
中　　　国	20トン	4トン
イ　ン　ド	0.6トン	0.7トン
イスラエル	0.1トン	0.65トン
パキスタン	2.1トン	0.1トン
北　朝　鮮		0.035トン
合　　　計	約1,730トン	約255トン

出所：SIPRI Yearbook 2011を参照し著者が作成

(2) 兵器用核分裂性物質生産禁止条約（FMCT）

FMCTの交渉は1993年にクリントン米国大統領により提案され，1995年に軍縮会議において交渉開始が決定され，交渉マンデートも決定されたが，当時はCTBTの交渉が行われていたため，その交渉に引き続き行われる予定であった。しかし1990年代後半および2000年代には実質的な交渉は行われなかった。その最大の理由は，軍縮会議で交渉すべき議題についてコンセンサスが得られなかったからである。米国，英国，フランスなど西側諸国はFMCTの交渉を始めるべきであると主張したが，ロシアと中国は米国のミサイル防衛の進展を危惧して「宇宙における軍備競争の防止」の議題も優先すべきであると主張し，非同盟諸国は「核軍縮」および非核兵器国に対して核兵器を使用しないという「消極的安全保証」を優先すべきであると主張していたからである。

もう1つの理由は，ブッシュ政権になって米国が国際協調主義による条約の作成という方法を嫌い，単独主義で行動するようになったことである。FMCTについても，1995年の交渉マンデートでは検証を含む条約の作成となっていたが，米国はFMCTの検証は不可能であり，検証を含まない条約を作成すべきだと主張し，実質的に交渉を拒否することになり，多くの国から批判されることとなった。

2009年にオバマ大統領が出現し，1995年のマンデートのように検証を含むFMCTの軍縮会議での早期の交渉を主張したため，この問題に優先的な地位が与えられるようになった。このオバマ大統領のリーダーシップもあり，2009年の軍縮会議は5月にその年の議題にコンセンサスで合意し，FMCTの交渉を始めること，他の3つの問題，宇宙における軍備競争の防止，核軍縮，消極的安全保証については協議を始めることになった。

このように10数年ぶりに軍縮会議で交渉が開始されることに

なったにも拘わらず，パキスタンがさまざまな手続き事項を持ち出して交渉の開始を妨害したため，実質的な交渉は行われなかった。さらに2010年の軍縮会議は，パキスタンの反対でFMCTの交渉に合意することができなかった。この問題は2010年5月のNPT再検討会議で深く議論され，国連事務総長の提案に従ってその秋に軍縮会議を活性化するための会議の開催が最終文書に含まれた。2010年9月に国連で開催された会議では，軍縮会議の活性化のための措置について，また軍縮会議が機能しない場合には他のフォーラムでFMCTの交渉を行うことなどが議論されたが，明確な結論は示されなかった。

　FMCTの交渉が開始されていないので，条約の具体的内容は確定されていないが，まず禁止の範囲に関して，核兵器国は主として「将来の」生産を禁止することを主張しており，開発途上国は「過去」の生産も何らかの形で規制すべきであると主張している。将来の生産のみを禁止する条約であれば，中国を除く4核兵器国はすでに生産を停止しており，そのモラトリアムを継続しているので，実際に影響を受けるのは，中国，インド，イスラエル，パキスタン，北朝鮮となる。これらの国は現在でも生産しているか，その可能性が残されているからである。

　他方，核兵器国のストックパイルをも規制すべきという考えは，5核兵器国の核軍縮措置をも含まなければならないというもので，条約の公平性の観点から主張されている。その場合には実戦配備されている核兵器への規制というのは考えられないので，実戦配備されていない核分裂性物質への規制，あるいは余剰核分裂性物質への規制が行われることになるであろう。米国とロシアの間では，主としてロシアの核削減の促進とロシアの核分裂性物質の安全な管理を目的として，解体核から生じる余剰核分裂性物質をIAEA保障措置の下に置くことが合意され，適用されている。

　検証については，将来の生産のみを禁止する条約であっても，閉

鎖された高濃縮ウラン生産工場とプルトニウム再処理工場の査察が不可欠であるし，民生用の高濃縮ウラン生産工場とプルトニウム再処理工場での生産物が兵器用に転用されないことを保証する制度が最低限必要である。さらに核兵器国のストックパイルをも規制する条約であれば，一層複雑な検証制度が必要になるであろう。

　いずれにせよ，FMCT の交渉は 1995 年からの課題であり，パキスタン 1 国あるいは 2，3 カ国の反対で交渉が開始できない現状は早急に改善されるべきであり，軍縮会議がコンセンサス方式のためまったく機能しないのであれば，他のフォーラムにおいて交渉を開始するという選択肢が真剣に検討されるべきである。

● 今後の課題 ●

1　CTBT を発効させる。
　　米国の上院の批准承認を得る。
　　地域的なアプローチを採用する。
2　FMCT の交渉を開始し早期に締結する。
　　パキスタンへの説得を行う。
　　軍縮会議以外での交渉を開始する。

第5章
地域的な非核をどう進めるのか
──非核兵器地帯の設置──

第5章　地域的な非核をどう進めるのか

本章のねらい

　本章では，ある地域の非核兵器国が自主的に核兵器のない地帯を設置するという非核兵器地帯について，核兵器に依存しない安全保障を求める措置として検討する。まず非核兵器地帯とはどういうものなのかという概念から入り，冷戦期に設置されたラテンアメリカおよび南太平洋における非核兵器地帯について，さらに冷戦終結後に設置された東南アジア，アフリカ，中央アジアにおける非核兵器地帯について，どういう背景で，どういう交渉を経て地帯が設置されたかを考察し，条約の義務の内容を検討する。また地帯構成国には核兵器を使用しないという消極的安全保証が非核兵器地帯の概念に含まれるが，その内容と実態を考える。さらに将来的に非核兵器地帯を設置する可能性がある地域として，中東や南アジア，さらに北東アジアや欧州の状況を検討し，非核兵器地帯が核兵器のない世界に向けて重要な役割を果たしていることを検証する。

Ⅰ 冷戦期における非核兵器地帯

(1) 非核兵器地帯の概念

　非核兵器地帯という考え方は，最初は1950年代に米国の核兵器が西欧に配備され始めた時期に，東側から主張されたものであり，実現の可能性はほとんどなかった。1960年代後半にラテンアメリカで最初の非核兵器地帯条約が作成され，1980年代に南太平洋にも設置された。この概念は，「核兵器の完全な不存在」と一般に言われるように，その地域の諸国が核兵器を保有せず，製造しないだけでなく，同盟国の核兵器の配備も許さないというものである。

　核不拡散は，核兵器の保有および製造の禁止という義務だけであるが，非核兵器地帯ではさらに配備の禁止が含まれる。これは日本の非核三原則の「持たず，作らず，持ち込ませず」と同様の考え方である。このように地域の諸国が条約によって核兵器の完全な不存在を約束することに対して，核兵器国は地帯構成国に対して核兵器を使用しないことを約束することが一般的であり，これも非核兵器地帯の概念に含まれている。核兵器を持たない国に対して核兵器を使用しないという約束を消極的安全保証というが，核不拡散条約（NPT）との関連ではこれは一方的な政治的宣言として与えられているだけであるが，非核兵器地帯の場合には議定書として法的拘束力ある明確な形で与えられている。

　非核兵器国が自国の安全保障を維持し強化する手段として，核兵器国の核兵器に依存するのではなく，核兵器のない地域を設置することは徐々に広がっており，今では南半球はほぼすべて非核兵器地帯でカバーされている。その意味で，核兵器に依存しない地域を拡大していくことは，核兵器のない世界を目指した動きと調和するも

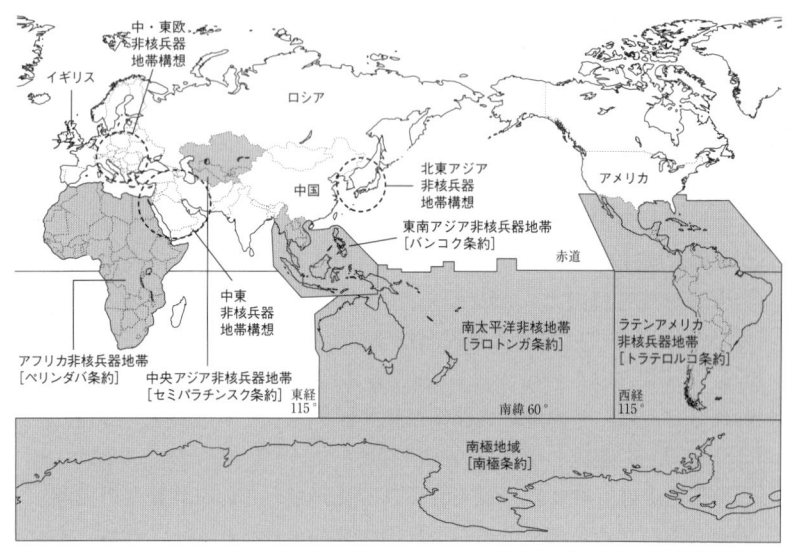

第5章　地域的な非核をどう進めるのか

図5-1　世界の非核兵器地帯

■非核兵器地帯

のであり，今後も一層の非核兵器地帯が設置されるべきである。

(2) ラテンアメリカ非核兵器地帯（トラテロルコ条約）

　1962年のキューバ危機は，ソ連がキューバに中距離核ミサイルを配備しようとしたことに対して米国が軍事的に反対したもので，米ソの間で核戦争の一歩手前まで進んだ危機であった。ブラジルとメキシコを中心にラテンアメリカ諸国は，この地域に核兵器が配備されれば自らも核戦争に巻き込まれる危険が高まると認識し，この地域を核兵器のまったく存在しない地域とすることを目指して1967年に非核兵器地帯を設置した。

　トラテロルコというのは条約が交渉されたメキシコの地名であり，条約の正式名は今ではラテンアメリカおよびカリブ地域核兵器禁止条約である。条約は核兵器の実験，使用，生産などとともに受

表 5-1　核兵器地帯条約の状況

地帯名	条約名	署名	批准	当事国	地帯内国家
ラテンアメリカ非核兵器地帯	トラテロルコ条約	1967年2月14日	1968年4月22日	33	33
南太平洋非核地帯	ラロトンガ条約	1985年8月6日	1986年12月11日	13	16
東南アジア非核兵器地帯	バンコク条約	1995年12月15日	1997年3月27日	10	10
アフリカ非核兵器地帯	ペリンダバ条約	1996年4月11日	2009年7月15日	29	53
中央アジア非核兵器地帯	セミパラチンスク条約	2006年9月8日	2009年3月21日	5	5

領，配備を禁止し，条約の実施のためにラテンアメリカ核兵器禁止機構（OPANAL）を設置した。付属議定書Ⅰは，この地帯内に領域をもつ諸国，すなわち米国，英国，フランス，オランダがその非核の地位を維持するよう求めるもので，すべての国が批准を済ませている。付属議定書Ⅱは，核兵器国がこの非核兵器地帯を尊重し，条約の締約国に対して核兵器を使用せずまたは使用の威嚇を行わないことを約束するもので，1975年までに5核兵器国はすべて批准しており，これは核兵器の使用禁止を明示的に規定した最初の国際条約となっている。

　冷戦期にはブラジルとアルゼンチンは南アメリカの覇権をめぐって核兵器の開発を目指していたためこの条約に参加しなかったが，冷戦終結後，両国では軍事政権から文民政権に移行し，核兵器の開発を中止し，1990年11月に共通原子力政策に関する共同声明に署名し，相互に相手国の原子力平和利用を検証・査察するためアルゼンチン・ブラジル核物質計量管理機構（ABACC）を設置し，1994年に両国に対し条約が適用されることとなった。2002年にキュー

バが条約を批准し，この地域の33の国が条約の締約国となり，条約は完全な形で効力をもつようになった。

(3) 南太平洋非核地帯（ラロトンガ条約）

この条約作成の最大の動機は，1966年以降南太平洋ムルロワ環礁で実施されていたフランスの核実験をやめさせることであった。1973年にはオーストラリアとニュージーランドがフランス核実験が国際法違反であること，核実験を即時に停止することを求めて国際司法裁判所（ICJ）にフランスを提訴した。これを契機にフランスは大気圏内での核実験を中止したが，地下での核実験は継続された。

1975年以来，南太平洋フォーラム（SPF）では，この地域を核汚染および核紛争への巻き添えの危険から解放するという目的を明確にし，1983年から交渉を開始した。当時日本が放射性廃棄物を太平洋に廃棄する計画を持っていたことも，条約作成の動機の1つとなっている。クック諸島のラロトンガにおいて，この条約は1985年8月6日に署名され，翌年12月11日に発効した。

この条約は核兵器の完全な不存在とともに，環境保護にも重点を置き，放射性廃棄物の投棄の禁止なども含んでおり，そのため非核兵器地帯ではなく非核地帯となっている。また平和目的核爆発装置も禁止に含めるため，禁止される対象は核兵器ではなく核爆発装置となっている。締約国は核爆発装置の取得，所有，管理を禁止され，その配置を防止することを約束している。放射性廃棄物の投棄については，いかなる形の投棄をも禁止するという厳格なものである。

議定書1は，地帯内に領域をもつフランス，英国，米国に対して非核の地位の適用を要請し，議定書2は，核兵器国が地帯の地位を尊重すること，地帯内国家に対して核兵器を使用せず，使用の威嚇を行わないという消極的安全保証を規定し，議定書3は核兵器国に対し地帯内での核実験の禁止を規定している。ソ連と中国は冷戦期

に議定書2および3を批准したが,米国,英国,フランスはいずれの議定書にも署名しなかった。冷戦が終結し,包括的核実験禁止条約（CTBT）の採択が近づいた1995年9月から翌年1月にかけてフランスは一連の核実験を実施した。その後1996年3月に米国,英国,フランスは3つの議定書に署名し,フランスは1996年9月に,英国は1997年9月に批准したが,米国はまだ批准していない。しかし2010年5月のNPT再検討会議においてクリントン国務長官は批准を進めることを約束した。

条約は域内16カ国のうち13カ国が批准しているが,ミクロネシア,マーシャル諸島,パラオは署名もしていない。

表5-2 2010年NPT再検討会議におけるクリントン米国務長官の演説

> そして今日,私はアフリカおよび南太平洋に設置されている非核兵器地帯への我々の参加を承認するため,米国上院に議定書を提出することをお知らせする。
>
> 批准により,これらの条約の当事国は,米国はそれらの国に対して核兵器を使用せず,使用の威嚇を行わず,地帯の非核兵器の地位を完全に尊重するという法的拘束力ある保証を得るであろう。
>
> 我々は,中央アジアと東南アジアの条約の議定書に署名することができるような合意に達する努力において,これらの非核兵器地帯の当事国と協議する用意がある。

II 冷戦終結後の非核兵器地帯

(1) 東南アジア非核兵器地帯（バンコク条約）

冷戦の終結は東西の対立および米ソの対立を終息させたため,戦略核兵器の削減が合意されるとともに,外国に配備されている多く

の戦術核兵器が撤去された。米国は西欧から多くの戦術核兵器を撤去するとともに韓国から、またフィリピンからも核兵器を撤去し、ロシアは東欧および旧ソ連の他の共和国からすべての戦術核兵器を撤去した。またロシアがアフリカから軍隊を撤去するなど、非核兵器地帯の設置に望ましい環境が作られていった。

東南アジアにおいても、冷戦の終結に伴い米ロの軍事的撤退が見られ、カンボジア内戦も1991年のパリ平和協定で終結した。東南アジア諸国連合（ASEAN）はすでに1971年の段階で、東南アジア平和自由中立地帯（ZOPFAN）構想を宣言しており、1992年および1993年の会合で条約作成が開始され、条約は1995年12月15日にバンコクで署名され、1997年3月27日に発効した。冷戦後も中国とフランスが核実験を継続していたこと、東南アジア諸国と領土紛争を抱えている中国がその核戦力を増強させていることなども条約作成の動機になっている。

条約は、まず非核兵器地帯として締約国の領域に加えてその大陸棚および排他的経済水域を含むと定義している。締約国は地帯の内外において核兵器の開発、製造、取得、核兵器の配備や輸送、実験が禁止される。締約国はその領域において、他国が核兵器を開発、製造、取得、配備、実験、使用するのを認めることが禁止される。さらに放射性廃棄物の地帯内での投棄も禁止される。

5核兵器国による署名のために開放された議定書は、核兵器国が条約を尊重し、その違反に貢献しないこと、締約国に対して核兵器の使用または使用の威嚇を行わないこと（消極的安全保証）、地帯内で核兵器の使用または使用の威嚇を行わないことを約束するものになっている。この条約はすでに発効しているが、この議定書にはどの核兵器国も署名していない。その第1の理由は、非核兵器地帯の定義として締約国の領域のみならず、大陸棚と排他的経済水域を含んでいることであり、第2の理由は、議定書が消極的安全保証の供与のみならず、地帯内での核兵器の使用または使用の威嚇の禁止を

含んでいるからである。

　この点に関して，条約締約国と核兵器国との間の協議が行われているがこれまで進展は見られない。2010年のNPT再検討会議でも，この協議の重要性が言及されているので，積極的な協議の開始と早期の公平な解決が期待される。

(2) アフリカ非核兵器地帯（ペリンダバ条約）

　アフリカを非核化する動きは1960年のフランスの最初の核実験がサハラ砂漠で実施された時から始まっており，アフリカ統一機構（OAU）は1964年にアフリカ非核化宣言を採択している。その後フランスの核実験は南太平洋に移動したことと，南アフリカの核疑惑が存在したために，冷戦中は非核化の進展は見られなかった。

　冷戦終結に伴い，ソ連およびキューバ軍がアフリカから撤退したことなどを契機として，南アフリカは1991年に核不拡散条約（NPT）に加入し，1993年にデクラーク首相が所有していた核兵器をすべて廃棄したと声明した。このような状況で条約作成交渉が可能となり，条約の基本的部分は早期に合意されたが，インド洋のディエゴ・ガルシア島を含めるかどうかで交渉が長引いた。この島は英国とモーリシャスが領有をめぐって争っており，米国が英国との協定でその島に軍事施設を設けていた。最終的にはこの問題は棚上げすることで解決され，条約は1996年4月11日に南アフリカが核兵器の開発を行っていたペリンダバで署名され，13年後の2009年7月15日に発効した。

　条約は，締約国による核兵器の製造や取得さらに配備や実験の禁止を規定するとともに，南アフリカがかつて核兵器を保有していたことから，核爆発装置の製造能力を申告し，それらを解体，廃棄することを規定している。さらに放射性物質の投棄の禁止および原子力施設への攻撃の禁止を規定し，核物質や核施設に対する高度の保安や物理的防護をも定めている。

第5章　地域的な非核をどう進めるのか

条約締約国に対して核兵器の使用または使用の威嚇を禁止する消極的安全保証に関する議定書Ⅰ，および核実験を禁止する議定書Ⅱに対して，中国，フランス，英国，ロシアはすでに批准しているが，米国は署名はしているが，批准はしていない。2010年のNPT再検討会議においてクリントン国務長官は，その批准を進める意向を明らかにした。地帯内に領域をもつフランスとスペインに非核の地位を維持するよう義務づける議定書Ⅲをフランスは批准しているが，スペインは署名もしていない。

(3) 中央アジア非核兵器地帯（セミパラチンスク条約）

中央アジア非核兵器地帯の構想は1993年のウズベキスタン大統領の国連総会での呼びかけに始まり，1997年よりカザフスタン，キルギス，タジキスタン，トルクメニスタンを加えて交渉が本格的に開始された。1997年2月には中央アジア非核兵器地帯を宣言することを支持するよう関係国に要請するアルマティ宣言を採択し，同年9月には地帯への支持と援助を要請する5カ国外相声明に署名した。その後の交渉により，条約は2006年9月8日にソ連の核実験場があったセミパラチンスクで署名され，2009年3月21日に発効した。

条約作成の背景としては，まずこれらの諸国はソ連より独立し，ロシアと中国の間で両国と国境を接しているという地政学的観点から積極的な非核の地位を求めたと考えられる。またカザフスタンのセミパラチンスクでは多くの核実験が行われ，それは冷戦終結後閉鎖されたが，核実験による環境汚染への対応が重要であると意識された。さらに冷戦中は多くの核兵器がカザフスタンに配備されていたが，その後すべてロシアに撤去されたことから，非核の地位を一層強固にする必要があると考えられた。

条約により，各締約国はあらゆる核兵器その他の核爆発装置の研究，開発，生産，貯蔵，取得，保有，管理を行わないこと，およ

びこれらの活動支援を受けないことを約束している。条約適用範囲は，中央アジア5カ国の領土，すべての水域および領域となっている。核搭載の航空機や船舶等の通過については，各締約国の判断に委ねられることになっている。

5核兵器国のために作成された議定書は，条約締約国に対して核兵器の使用または使用の威嚇を行わないこと（消極的安全保証），および条約違反に貢献しないことを約束するものである。ロシアと中国はこの条約を支持しているが，いずれの核兵器国もまだ議定書に署名していない。米国，英国，フランスは，本条約は既存の条約上の権利や義務に影響を与えないという規定に関して，1992年の集団安全保障条約であるタシケント条約により，ロシアが一定のある状況で地帯内に核兵器を配備することを許すように解釈できるとして，条約に反対している。この問題も積極的な協議により早期に解決されるべきである。

表5-3は，消極的安全保証に関する議定書への5核兵器国の態度を示すものである。

なおモンゴルは1992年に自国領土を非核兵器地帯とする宣言を行い，その後1998年に国連総会は，モンゴルによる非核兵器地

表5-3 消極的安全保証に関する議定書への5核兵器国の態度（2011年5月）

○批准済み △署名のみ ×署名もなし

	米　国	ロシア	英　国	フランス	中　国
ラテンアメリカ	○	○	○	○	○
南太平洋	△	○	○	○	○
東南アジア	×	×	×	×	×
アフリカ	△	○	○	○	○
中央アジア	×	×	×	×	×

位の宣言を歓迎し，5核兵器国を含む加盟国に非核兵器地位の強化に必要な措置をとるよう要請した国連総会決議を全会一致で採択した。これは1国で非核兵器地帯を設置しようとする初めての試みであり，国連では従来の複数国による非核兵器地帯と区別するため，非核兵器地位という文言を用いた。核兵器国は一般に支持を表明し，好意的に対応している。

III 新たな非核兵器地帯の設置

(1) 中東と南アジア

中東および南アジアにおいては，1970年代から非核兵器地帯の設置が国連総会決議として採択されてきたが，イスラエルおよびインド，パキスタンが核兵器保有国となっている現在では，その実現は一層困難になっている。中東ではイスラエルの核保有を廃棄させるために1974年にエジプトとイランが国連で提案して以来議論されている。イスラエルは核兵器の保有を明言することはなく，「中東に核兵器を導入する最初の国にはならない」と言うだけであるが，現在では多くの核兵器を保有していると一般に考えられている。

1995年のNPT再検討・延長会議において，アラブ諸国などは中東非核兵器地帯または大量破壊兵器のない地帯を主張し，延長決定に関して中東決議が採択された。しかしその後まったく進展がなかったため，アラブ諸国などは2010年のNPT再検討会議ではこの問題を重視し，具体的な行動計画を求めた。最終文書が合意された1つの要因は中東に関して具体的な措置が合意されたことである。すなわち，国連事務総長とNPT被寄託国である米国，ロシア，英国は，2012年に中東の非核兵器・大量破壊兵器地帯の設置のための会議を開催することを決定し，会議はそれを支持した。

このように一定の具体的な措置が合意されているが、この会議がどのように運営され、将来の方向を示していけるのか、これからの動きが期待される。

南アジアでもインドの核実験を契機に1974年から国連総会決議を中心に議論されているが、1998年には両国とも核実験を行い、その後核兵器の開発、製造、配備に進んでいるため、短期的に非核兵器地帯を設置するという構想は実現不可能になっている。両国の信頼醸成を高めるさまざまな措置を取ることにより両国の対立を緩和するとともに、包括的核実験禁止条約（CTBT）への加入や、兵器用核分裂性物質生産禁止条約（FMCT）の早期の交渉開始などにより、両国の核軍拡競争を停止させることが第1に必要である。

(2) 北東アジアと欧州

冷戦終結の大きな成果として、米国は1991年9月に世界中の地上配備の戦術核兵器の撤去を発表し、韓国に配備されていた戦術核兵器も撤去された。それが韓国大統領によって確認された後、1991年12月に南北朝鮮は、「朝鮮半島非核化宣言」に合意し、核兵器の生産、所有、配備を禁止し、さらに核燃料再処理施設およびウラン濃縮施設の所有も禁止した。そのための相互査察の制度も用意されていた。しかし、1993年以降、北朝鮮の核疑惑が表面化し、北朝鮮がそれらの義務に違反する行為を行っている。

このような現状で北東アジアに非核兵器地帯を設置することは困難であるが、北朝鮮の非核化が進んで行く場合には、将来的にこの地域に非核兵器地帯を設置することは有益であると考えられる。政府のレベルではこの構想は正式に議論されていないが、学者やNGOの間では、さまざまな構想が提案され議論が続けられている。1つは朝鮮半島と日本を含む地域を非核兵器地帯とするもので、その場合、米国、ロシア、中国からの消極的安全保証をもセットとする考えもある。第2は、さらにモンゴルや台湾を含めようとする提

案もある。第3に,朝鮮半島の非武装地帯の中心から半径1,200カイリの円を描いた地域を含める提案もある。さらに第4に,北東アジアの非核兵器国に加えて,米国のアラスカ,ロシアの東海岸,中国の東海岸を加えて地帯を想定し,核兵器国はその地域に戦術核兵器を配備しない義務を引き受けるという提案がある。

北東アジアの非核兵器地帯については,将来の目標として今から議論し,準備しておくことが必要であり,さまざまな提案を基礎に一層の議論を展開していくべきであろう。

他方,欧州においては,1950年代に米国が西ドイツに核兵器を配備した時から,非核兵器地帯条約の議論が始まり,その後米国は西欧の多くの国に戦術核兵器を配備し,ソ連も東欧の多くの国に戦術核兵器を配備した。その頃核兵器が配備されていない北欧諸国の非核兵器地帯設置構想が1960年代に議論された。冷戦が終結し,米国もロシアも外国に配備された戦術核兵器の撤去を開始し,現在外国に核兵器が配備されているのは,米国が西欧の5カ国,すなわちドイツ,オランダ,ベルギー,イタリア,トルコに航空機に配備した戦術核兵器のみであり,ロシアは外国にもはや配備していない。

1995年にベラルーシはバルト海から黒海までの中・東欧に非核兵器地帯を設置すべきであるという提案をしている。その後北大西洋条約機構(NATO)の東方拡大に伴い,ポーランド,ハンガリー,チェコなどがNATOに加入したが,そこには核兵器を配備しないという約束が存在する。これらの地域にはすでに核兵器がまったく存在しない状況が生じているのであるから,現状を固定する意味から非核兵器地帯構想を進めることは有益だと考えられる。

さらに現在5カ国に配備されている米国の戦術核兵器は,冷戦期には存在した軍事的意味はまったく失っており,米国と西欧の精神的結合のシンボルとして必要だと考えられている。しかし,ドイツ,オランダ,ベルギーなどは軍事的にも政治的にももはや必要ではないとして,それらの撤去を求めている状況であり,ロシアとの戦

術核兵器削減の交渉を視野に入れつつ，将来的にはそれらを撤去し，核兵器国以外には核兵器は存在しないという状況を作り出し，安全保障における核兵器の役割を低減していくことが必要であると思われる。

● 今後の課題 ●

1　既存の非核兵器地帯を完全なものにする。
　　　核兵器国は議定書を批准する。
　　　核兵器国と地帯国との協議を進める。
2　新たな非核兵器地帯を設置する。
　　　中東非核兵器地帯の交渉を推進する。
　　　北東アジア非核兵器地帯の議論を開始する。

第6章
核兵器の使用は許されるのか
——核兵器の使用禁止——

第 6 章　核兵器の使用は許されるのか

本章のねらい

　本章では，核兵器の使用あるいは使用の威嚇が許されるのかどうかを検討することを目的としている。広島・長崎以来，核兵器は使用されていないが，これまで何度か使用が現実に考えられたし，核兵器で反撃するという威嚇に基づく核抑止論が，今でも核兵器国の戦略の中心になっている。まずこの問題に対する国際司法裁判所（ICJ）の勧告的意見を分析し，最近の進展を国際人道法の側面から考える。次に核抑止論の中で主として核兵器国間で核兵器を先に使用しないという先行不使用(no first use)という考えを，国家の実行と最近の進展をふまえながら考察する。さらに核兵器を保有しない国には核兵器を使用しないという消極的安全保証について，核不拡散条約（NPT）および非核兵器地帯との関係で，国家の実行と最近の進展を中心に検討する。核兵器の使用を制限し，禁止することは核兵器を廃絶するための大前提になるので，この分野での進展が期待されている。

I 核兵器使用の合法性・違法性

(1) 国際司法裁判所の勧告的意見

　核兵器の使用やその威嚇が国際法に違反するのではないかと考えた NGO は，世界法廷プロジェクトを立ち上げ，非同盟諸国に働きかけ，その問題を国際司法裁判所（ICJ）に持ち込むのに成功した。国際司法裁判所は，国連の機関であって，国家間の紛争を解決するとともに，国連総会や安全保障理事会，専門機関からの法的問題に関する質問に対して勧告的意見を与える権限をもっている。1993年9月にまず世界保健機関（WHO）が国際司法裁判所に勧告的意見を求め，1994年12月に国連総会が同様に意見を求めた。裁判所は WHO の要請には権限がないとして却下したが，国連総会に対しては1996年7月に勧告的意見を与えた。

　裁判所の審議の過程において，28カ国が書面陳述書を提出し，22カ国が口頭陳述に参加したが，**表6-1**が示すように，15カ国が違法性を主張し，6カ国が違法でないと述べ，日本は当初は国際法に違反しないという見解を示していたが，国内での大きな批判に遭遇し，最終的には「核兵器の使用は人道主義の精神に反する」と述べた。

　国際司法裁判所は，勧告的意見の要請に対して管轄権を持つかどうかをまず判断し，国連総会の要請については基準が満たされているとして，具体的検討に入った。裁判所は国連憲章と核兵器使用の関係，核兵器の使用に関する特定の諸条約，核兵器の使用に関する特定の慣習法，国際人道法と核兵器の使用の関係を詳細に検討し，**表6-2**のような結論を導き出した。

第6章 核兵器の使用は許されるのか

表6-1 国際司法裁判所での口頭陳述における意見

核兵器の使用は国際法違反である。	オーストラリア,エジプト,インドネシア,メキシコ,マレーシア,ニュージーランド,フィリピン,カタール,サモア,サンマリノ,ソロモン諸島,マーシャル諸島,コスタリカ,ジンバブエ
核兵器の使用は国際法違反ではない。この問題は司法判断にはなじまない。	フランス,ドイツ,イタリア,ロシア,英国,米国
核兵器の使用は人道主義の精神に反する。	日本

出所:朝日新聞大阪本社「核」取材班『裁かれる核』朝日新聞社,1999年

表6-2 国際司法裁判所の勧告的意見

A	核兵器の威嚇・使用を特に容認する国際法はない。	全会一致
B	核兵器の威嚇・使用を包括的に普遍的に禁止する国際法はない。	11対3
C	国連憲章第2条4項に違反し第51条のすべての条件を満たさない核兵器の威嚇・使用は違法である。	全会一致
D	核兵器の威嚇・使用は国際人道法の要件および核兵器に関する条約の特定の義務と両立するものでなければならない。	全会一致
E	核兵器の威嚇・使用は人道法に一般的に違反する。しかし自衛の極端な状況では結論できない。	7対7,裁判長の決定票
F	核軍縮へと導く交渉を継続し,結論に達する義務がある。	全会一致

A項，C項，D項は全会一致で採択されており，ここでは核兵器の使用に関する国際法の現状について一致した意見が述べられている。B項には3名の裁判官が反対しており，彼らは核兵器の威嚇・使用を包括的に普遍的に禁止する国際法が存在すると考えている。この勧告的意見の結論はE項であり，その全文は，「核兵器の威嚇または使用は，武力紛争に適用可能な国際法の規則，特に人道法の原則と規則に一般的に違反する。しかし，国際法の現状および裁判所が入手できる事実要素の観点からして，国家の生存そのものが危機に瀕しているような自衛の極端な状況において，核兵器の威嚇または使用が合法であるか違法であるかを決定的に結論することはできない」と述べている。

このE項については票決は7対7であり，裁判長が決定票として賛成を投じたので多数意見となっている。その意味で非常に微妙な勧告的意見であるが，反対票の7名の裁判官のうち3名は核兵器の威嚇・使用を包括的に普遍的に禁止する国際法が存在すると考えており，E項の前半部分，すなわち核兵器の威嚇・使用は国際人道法に違反するという部分には賛成しているので，この部分には10名の裁判官が賛成していることになる。その他の4名の反対の裁判官は，核兵器の威嚇・使用は必ずしも国際人道法に違反せず，自衛の場合に核兵器の使用は許されると考えている。この4人の裁判官は，米国，英国，フランス，日本の裁判官である。

このように，国際司法裁判所が，一般的には核兵器の使用は国際法違反であるという見解を示したことは，核兵器の使用禁止に関する国際法の発展に大きく貢献している。勧告的意見はそれ自体が法的拘束力をもつものではないが，国際司法裁判所の意見として大きな権威をもっている。後半部分の「自衛の極端な状況」では合法か違法かは述べられていないが，かりに合法だとしてもその範囲はきわめて限定されている。まず自衛の一般的条件を満たさなければならない。すなわち相手国からの違法な武力攻撃があり，緊急な事態

で他にとる手段が残されておらず,その反撃は攻撃を阻止するために均衡のとれたものでなければならない。これらの条件を満たした上でさらに,「国家の生存そのものが危機に瀕している」という極端な自衛の状況であることが必要である。

(2) 2010年NPT再検討会議における議論

2010年5月のNPT再検討会議において,非同盟諸国は核兵器の使用または使用の威嚇を無条件に禁止する条約,すなわち核兵器使用禁止条約の即時交渉開始と早期締結を主張していた。また将来の行動計画について,その5dは,「核兵器の使用を防止し究極的にその廃絶に導き,核戦争の危険を減少させ,核兵器の不拡散と軍縮に貢献することのある政策を議論すること」を勧告している。

表6-3 2010年NPT再検討会議におけるスイスの演説

> 核兵器は役に立たず,不道徳であり,違法である。
> 核兵器は第2撃能力をもつ大国の間では役に立たず,核兵器は不均衡な破壊力のゆえに非核兵器国に対しては役に立たず,テロの危険に対しても役に立たない。
> 核兵器は,人命や物質,環境に対して無差別な破壊をもたらすので,不道徳である。
> 核兵器は,国際人道法の観点から見るとその性質からして違法である。なぜならその効果は無差別であり,その使用は国際人道法の基本的原則と規則に例外なく違反するからである。

国際人道法への直接的なアプローチはスイスの一般演説から始まったが,そこでスイスは核兵器の使用は非人道的であり,不道徳であり,役に立たないものであると述べ,核兵器の使用は国際人道法に違反するものであると主張した。この主張に対して,英国およびフランスは反対意見を述べたが,それに対して西欧および中南米の多くの非核兵器国がスイス提案を強力に支持する意見を述べたた

め，最終的には会議の合意文書の中に，「会議は，核兵器の使用による壊滅的な人道的影響に深い懸念を表明し，すべての国が国際人道法を含む適用可能な国際法を遵守する必要性を再確認する」という文言が含まれた。当初は，「すべての国が国際人道法を遵守する必要性を再確認する」という直接的なものであったが，核兵器国の提案で間接的なものに変えられた。

これまでのNPT再検討会議では，核兵器の使用禁止の問題はほとんど取り扱われなかったが，今回の会議において広く議論され，国際人道法の遵守が合意されたことは大きな進展である。核兵器のない世界に向かうためには，まず核兵器の使用禁止を明確に定めることが必要である。

II 核兵器の先行不使用（no first use）

(1) 核兵器国の軍事ドクトリン

核兵器の先行不使用とは，核兵器を先に使用しないことを意味し，先制不使用とも言われるが，先制とは相手の攻撃に先んじて，相手の攻撃がないのに攻撃するという意味であり，ここでは相手の攻撃があった場合にという意味であるので，先行不使用という言葉を用いる。国連憲章によれば武力の行使はすべて禁止されており，相手の攻撃に対して自衛のために武力を行使することのみが許されている。実際には2003年のイラク戦争のように，イラクからの攻撃もないのに，米国が軍事侵略したという事例はあるが，これは国連憲章違反であって，軍事ドクトリンとしては存在しえない。各国の軍事ドクトリンは相手の攻撃があった場合にどう対応するかという形で組み立てられている。

先行不使用が実際に問題になるのは，相手が核兵器以外で攻撃し

第6章 核兵器の使用は許されるのか

た場合に核兵器で反撃するかどうかという問題である。すなわち，相手が通常兵器，生物兵器，化学兵器で攻撃してきた場合に，核兵器で反撃するかどうかということである。

米国および英国，フランスを含むNATOの核兵器に関する軍事ドクトリンは，冷戦中も冷戦終結後も大きく変化しておらず，先行不使用政策を採択していない。冷戦中はソ連を中心とするワルシャワ条約機構（WTO）が通常戦力において圧倒的に優勢であったため，NATO側は，通常戦力で反撃し防衛しきれない場合には，核兵器を先に使用するというドクトリンを採用していた。冷戦終結に伴い，東側諸国の通常戦力は大幅に削減され，ワルシャワ条約機構も解体され，東側の通常戦力における圧倒的優勢という状況が消滅したにもかかわらず，NATOは依然として先行不使用政策を採択していない。

冷戦が終結して10年が経過したNATO設立50周年にあたる1999年に，NATOの戦略概念の新たな検討が行われ，カナダなどいくつかの国が先行不使用政策を採用すべきだと主張した。しかし戦略概念では，核兵器は政治的な兵器で最後の頼みの綱であると述べられたが，NATOは核兵器の先行不使用政策は採用しなかった。さらに11年が経過し，2010年11月の新たな戦略概念においても，ドイツなどはNATO配備の戦術核兵器の撤去を主張したが，戦略概念はほとんど変わらず，先行不使用は合意されなかった。

他方，ソ連は冷戦期には先行不使用政策を正式の軍事ドクトリンとして発表していた。しかし冷戦終結後の通常戦力の削減や弱体化に伴い，またワルシャワ条約機構の解体などがあったため，1993年に採択した新たなドクトリンでは，先行不使用ドクトリンを放棄し，通常兵器の弱体化を補うため核兵器の使用の重要性を強調している。2000年，2003年のドクトリンで核兵器の重要性をさらに強調し，2010年2月の軍事ドクトリンでは，核兵器の抑止力としての重要性を強調し，通常兵器による侵略を受け国家の存続が脅かさ

れる場合には核兵器を使用する権利を留保すると述べている。

また，中国は，1964年の最初の核実験以来，一貫して「核兵器を使用する最初の国にはならない」と宣言しており，先行不使用政策をしばしば繰り返している。ただし，この宣言にはそれ以上の説明がなく，中国は透明性が欠けているため，現実の軍事ドクトリンや核兵器の配備状況が明らかでなく，西側諸国はその宣言に対しては疑問を抱いている。中国の宣言が一層の信頼性を持つためには，核戦力の構造や配備についての情報をもっと開示する必要があり，その政策が実際の戦力構造や配備で担保されていることを国際社会に示すことが重要であろう。

(2) 最近の新たな動向

2009年に誕生したオバマ大統領は，核兵器のない世界を目指すと宣言し，そのために核兵器の役割を低減させると主張しており，その手段の1つとして先行不使用政策が広く議論されている。2008年に日本政府とオーストラリア政府のイニシアティブで設置された核不拡散・核軍縮国際委員会（ICNND）は，特に2010年5月のNPT再検討会議を念頭において，核の脅威の除去に関する提言を2009年12月に提出した。その中で，最小化地点である2025年までに核弾頭を2000に削減し，先行不使用にコミットすることを提案し，2012年までに，核兵器の唯一の目的は核兵器使用の抑止であると宣言するよう提言している。

核兵器の「唯一の目的」は核兵器使用の抑止であるという考えは，先行不使用とよく似た概念であるが，使用か不使用かという段階ではなく抑止の段階に重点を置いた概念である。また冷戦期にソ連は先行不使用の宣言政策を発表していたが，運用政策では核兵器の先行使用を予定していたことが明らかになり，先行不使用という言葉に対する嫌悪感もあり，最近の議論は「唯一の目的」をめぐるものが中心となっている。

第6章 核兵器の使用は許されるのか

　オバマ大統領は核兵器の役割を低減するために,「唯一の目的」を支持しているようにも見えたが,政府内部での激しい議論の後,2010年4月に発表された「核態勢見直し（NPR）」報告書では,米国の核兵器の「基本的な役割」は,米国および同盟国・パートナーに対する核攻撃を抑止することであると述べ,現在の段階では「唯一の目的」という普遍的政策を採用する準備ができていないが,その政策が安全に採用できるような条件の設定に努力するとしている。このように,核攻撃の抑止が米国の核兵器の「唯一の目的」であるという政策は採用できなかったが,それが核兵器の「基本的な役割」であるという政策は採用しており,将来的に「唯一の目的」が採用できるよう努力すると述べている。これは先行不使用へ向けての大きな前進である。

表6-4　2010年米国核態勢見直し報告書

　消極的安全保証でカバーされないケース,すなわち核兵器国および核不拡散条約を遵守していない国については,米国またはその同盟国・パートナーに対する通常兵器または生物化学兵器の攻撃を抑止するのに米国の核兵器がまだ役割を果たす狭い範囲の事態が存在する。
　したがって米国は,核兵器の「唯一の目的」は米国および同盟国・パートナーへの核攻撃を抑止することであるという普遍的な政策を現在まだ採用する用意はないが,そのような政策が安全に採用できるような条件を設定するために努力する。
　しかしこのことは,新たな保証によってカバーされない国々に対して核兵器を使用するという我々の意思が増加したことを意味するものではない。実際,米国は米国または同盟国・パートナーの死活的利益を防衛するという極端な状況においてのみ核兵器の使用を考えるということを強調しておきたい。

Ⅲ 非核兵器国に対する核兵器の使用禁止

(1) 核不拡散条約との関連

　核不拡散条約（NPT）の交渉過程においても，非核兵器国は，条約によって核兵器の選択肢を放棄する国に対して核兵器国が核兵器を使用しないと約束するのは当然であると主張していたが，その消極的安全保証の主張は受け入れられなかった。そうではなく，核兵器の使用の被害国に対して援助を行うという積極的安全保証に関する安全保障理事会決議が当時採択された。非核兵器国の安全を保証する方法として，核兵器を使用しないという不作為を定めるものを消極的と呼び，援助するという能動的なものを積極的と呼んでいる。

　1978年の第1回国連軍縮特別総会の時に，5核兵器国は消極的安全保証に関する宣言を行い，米英の宣言では，攻撃が核兵器国の同盟国による場合および攻撃に際して核兵器国と結合している場合は例外とされ，ソ連の宣言では，領域に核兵器を配備している国は除外された。フランスは非核兵器地帯の構成国にのみ消極的安全保証を与えると述べ，中国は，非核兵器国一般に対し核兵器を使用しないと宣言した。

　冷戦終結後の世界においても，特に非同盟諸国は消極的安全保証が法的拘束力ある形で例外なしに与えられるべきであると主張し，1995年のNPT再検討・延長会議の直前に，5核兵器国は消極的安全保証につき一定の措置をとった。米国，英国，ロシア，フランスの宣言は同一であり，米国の宣言は以下のようになっている。

　米国は，以下の場合を除き，NPTの締約国である非核兵器国に対し，核兵器を使用しないことを再確認する。すなわち，米国，その準州，その軍隊もしくはその他の兵員，米国の同盟国または米国

第6章　核兵器の使用は許されるのか

が安全保障の約束を行っている国に対する侵略その他の攻撃が，核兵器国と連携しまたは同盟して，当該非核兵器国により実施されまたは継続される場合は除く。

その1995年の会議で採択された「核不拡散と核軍縮の原則と目標」という文書は，核兵器の使用または使用の威嚇に対して，NPT締約国である非核兵器国を保護するため一層の措置が検討されるべきで，国際的に法的拘束力を有する文書の形をとることもありうると述べ，消極的安全保証に関する条約の作成の可能性に言及していた。しかし，実際にはこの問題はその後まったく進展しなかった。

逆に核兵器国は「意図的なあいまい政策」を取るようになり，どのような場合に核兵器を使用しないかはあいまいにしておいた方が，相手に対する圧力となり，核兵器国の行動の自由を広げるものであると考えた。また米国のブッシュ政権においては，ならずもの国家への核兵器の使用が検討され，2001年の核態勢見直しでは，当時NPT締約国であり核兵器を保有していなかったイラン，イラク，北朝鮮，リビアに対しても核兵器を使用するシナリオが描かれていた。

しかし，オバマ大統領は，核兵器の役割の低減を強く主張しつつ，2010年4月の核態勢見直し報告書で，「核不拡散条約の締約国でありそれを遵守している非核兵器国に対しては核兵器を使用しない」という新たな強化された消極的安全保証に関する政策を打ち出した。これは，意図的なあいまい政策を放棄し，非核兵器国に対する核兵器の使用がありうるとするブッシュ政権の政策を否定し，消極的安全保証の枠組みを明確に表明したことで，大きな進歩であると考えられる。米国は現実には北朝鮮とイランが排除されると説明しているが，条約を遵守しているかどうかの判断を誰がどのように行うかという問題が残されている。

この問題の今後の課題としては，これまでの消極的安全保証の内

容を明確にし，例外をなくす方向に各核兵器国が進むことが必要であり，さらに一方的な政治的宣言ではなく，法的拘束力ある条約として消極的安全保証が供与される方向が検討されるべきである。

(2) 非核兵器地帯との関連

　非核兵器地帯に関する章で述べたように，非核兵器地帯の概念そのものの中に，地帯構成国に対して核兵器国は核兵器を使用しないという消極的安全保証が含まれている。非核兵器地帯は，核不拡散が核兵器の保有と製造を禁止するのに対し，さらに配備をも禁止し，核兵器がまったく存在しない地域となっている。非核兵器地帯の場合には，NPTの場合のような一方的な政治的宣言ではなく，消極的安全保証が法的拘束力ある形で与えられるという大きなメリットがある。政治的宣言は一方的に取り消されることもあるし，違反に対しても十分な対応が不可能であるが，議定書の場合は法的義務となり，違反に対して法的責任を追及することが可能である。

　現存の5つの非核兵器地帯に関して，消極的安全保証に関する議定書は，ラテンアメリカの場合はすべての国が署名・批准を行い完全に実施されているが，南太平洋の場合は米国以外の4カ国は署名・批准しているが，米国は署名しかしていない。アフリカの場合にも，米国は署名のみであり，残りの4カ国は署名・批准を済ませている。他方，東南アジアと中央アジアの場合にはいずれの核兵器国も署名していない。このように非核兵器地帯に関する消極的安全保証の実施は，表5-3に示されるように不完全なものである。

　2010年のNPT再検討会議において，米国のクリントン国務長官は，署名はしているが批准をしていない南太平洋非核地帯条約およびアフリカ非核兵器地帯条約の議定書を批准するため，上院に働きかけると述べ，これまでの態度を変化させ，批准の方向に向かうことを約束した。

　また東南アジア非核兵器地帯条約および中央アジア非核兵器地帯

条約の議定書にはいずれの国も署名していないが、ここでは地帯構成国と核兵器国との間で大きな見解の相違が存在している。その理由は、東南アジアの場合は地帯の範囲に大陸棚および排他的経済水域が含まれていることであり、中央アジアの場合はロシアとの集団的安全保障条約が優先するとの規定が含まれていることである。これについても 2010 年の NPT 再検討会議において、核兵器国は地帯構成国と積極的に協議を開始する旨の発言を行っており、今後そのための協議が積極的に行われることが期待される。

● 今後の課題 ●

1　核兵器使用禁止条約の交渉を開始する。
2　核兵器の先行不使用政策を採択する。
3　消極的安全保証の条約を作成する。

第7章
核テロをどのように防ぐのか
──核セキュリティ──

第7章 核テロをどのように防ぐのか

本章のねらい

　本章の目的は，現在の国際社会にとっての最大の重要課題だと言われている核テロについて，核テロをいかに防ぐのかという観点から問題を検討することである。まず，核テロの脅威とはどういうものであるかを国際原子力機関の定義を参考にして明確にし，その脅威が歴史的にどういう背景から現れてきたのかを考える。次に核テロを防止するために，ソ連崩壊に伴う1990年代のルース・ニューク（管理のずさんな核）問題から，2001年の米国同時多発テロを経験して，国際条約や国連安保理決議，その他のイニシアティブなどでどのような措置がこれまでとられてきたのか，それらはどういう状況に対して効果的であるのかを検討する。最後に，核セキュリティの意味を考え，2010年に開催された核セキュリティ世界サミットについて，オバマ大統領の考えとイニシアティブおよびサミットの意義と成果ならびに今後の課題を考察する。

❶ 核テロの概念とその背景

(1) 核テロの概念

　核テロとは典型的には核兵器を使用したテロを意味するが，現実にはもう少し広い意味で理解されており，一般に利用されている国際原子力機関（IAEA）の定義では以下の4つの脅威が核テロだとされている。

　第1は，核兵器そのものの使用に関するもので，テロリストが核兵器を盗み取る行為などが挙げられている。核兵器国の核兵器に対する管理はかなり厳しいものであり，それが盗まれる可能性はそれほど高くないと考えられている。しかしロシアやパキスタンなどの核兵器は，管理が十分でないと考えられており，盗まれて使用される可能性は残っている。

　第2は，核兵器の材料である高濃縮ウランあるいはプルトニウムをテロリストが盗んだり，核の闇市場で購入したり，その他の方法で入手したりして，核兵器を組み立てるという脅威である。これらの核分裂性物質の密輸や盗取の例はいくつも存在しており，これらの物質は核兵器国のみにではなく，原子力平和利用を行っている国にも存在するので，テロリストに盗まれたりする可能性はかなり高いものである。テロリストが核兵器を組み立てる能力については，最近では可能性があると考えられている。

　第3は，核物質ではない放射性物質（たとえばコバルトやセシウム）が医療機関や研究機関に存在しているが，それを盗み出し，それを通常爆弾とともに爆発させるダーティ・ボム（汚い爆弾）の脅威であり，人々の健康や環境に被害を与えるものである。このケースは材料の入手もそれほど困難ではないし，爆弾製造の技術的レベ

第7章 核テロをどのように防ぐのか

ルも高くないので,テロリストが製造することは可能であり,この種類の核テロが最も起こりやすいものとして心配されている。

第4は,原子力施設への攻撃や核物質の輸送船に対する妨害破壊行為であり,その結果として放射性物質が大気中に放出されたりする脅威である。9.11同時多発テロで民間航空機がワールド・トレード・センターに衝突しているのであるから,このような事態も常に起こり得る脅威となっている。

表7-1は核テロのシナリオとして11段階に分けて分析されているもので,①から⑪になるにつれて,人々への侵害や建造物や環境への損害規模が小さなものから大きなものになると予想されている。①から⑤は実際には爆発も損害も,放射線による被害も発生しない核テロである。これに対し⑥から⑪は核テロによる障害や

表7-1 核テロのシナリオ:11段階の核テロ

核テロのシナリオ	傷害・損害程度	実行主体	実例
① 偽物による脅し	なし	個人でも可	あり
② 示威や脅迫に核関連物質使用	なし	個人でも可	あり
③ 輸送襲撃または核物質強取	小	グループ以上	あり
④ 核関連施設外部からの攻撃	小〜中	個人でも可	あり
⑤ 核関連施設内部からの破壊	小〜中	グループ以上	あり
⑥ 特定個人の暗殺	小	グループ以上	あり
⑦ RDDまたはREDの使用	中〜大	グループ以上	なし
⑧ IND(即席核爆破装置)の使用	中〜大	組織力	なし
⑨ 核関連施設から放射性物質大量放出	大	組織力	なし
⑩ 軍用核兵器の使用	大	組織力	なし
⑪ 同時,連続核爆発,BCテロ伴う	大	組織力	なし

小・中・大は相対的な程度。「グループ」は組織には至らない数人以上の集まり
出所:宮坂直史「核テロリズム」浅田正彦・戸﨑洋史編『核軍縮不拡散の法と政治』(信山社,2008年)518頁。RDDはダーティボム,REDは放射性物質拡散装置

損害が実際に発生するケースである。⑦から⑪の核テロの中では，⑦の放射性物質の散布が一番発生する可能性が高いと考えられている。

(2) 核テロの脅威増大の背景

核テロ問題の議論は，さまざまなテロが多く発生した1970年代から始まっているが，本格的に議論される第1の背景は，冷戦終結後，旧ソ連が関連する核兵器および核物質の管理がずさんであったことである。その結果，さまざまな密輸事件が発生し，これらはルース・ニューク（管理のずさんな核）問題として国際社会の大きな問題となり，さまざまな対策が講じられることになった。

第2の背景は，核拡散の進行であり，特に1990年代にイラク，リビア，北朝鮮，イランに代表される，ならずもの国家による核開発疑惑問題である。これらの国は同時にテロ支援国家であると考えられ，これらの国が核テロに関連してテロリストを支援する可能性が危惧された。

第3の背景は，2001年9月の米国における同時多発テロであり，アメリカ本土がテロに攻撃される事態となり，テロリストによる核テロが現実に起こりうる問題として議論されるようになった。特にアルカイダなどのテロリスト集団は，大規模な組織と財源をもち，核兵器を含む大量破壊兵器を開発する意思を表明していたこともあり，この頃から核セキュリティという用語が頻繁に用いられるようになる。ブッシュ大統領も，テロリストが大量破壊兵器を保有することが，米国にとっての最大の脅威であると発言していた。

第4の背景は，2004年2月にパキスタンのカーン博士を中心とする核の闇市場のネットワークが発覚したことである。アブドル・カーンは，闇取引によりパキスタンに核兵器技術をもたらしたのみならず，北朝鮮，イラン，リビアの核開発に協力することにより世界的な核拡散を促進させた。彼の作った闇取引ネットワークを通じ

て、アルカイダなどの国際テロリストに核物質や核技術が渡った可能性が憂慮されている。

第5の背景は間接的なものであるが、エネルギー需要の高まりとともに、また気候変動による環境への悪影響の認識も広まり、原子力発電への期待が増大し、開発途上国においても原子力への依存を増やす動きがあり、原子力ルネッサンスといわれるものである。より多くの国が原子力に参入することにより、核物質が世界中に拡散されることになり、テロリストに盗まれたりする可能性が大きく増大する。

図7-1はIAEA不法取引データベースによるものであり、核密輸の事例、盗難・紛失の事例、不法投棄などの確認されたものの数である。このことから不法取引の数が多いこと、これは確認されたものだけで、さらに確認されていない事例が多く存在すること、原子力施設や医療機関の管理が十分でないこと、国内の管理体制が不十分であることなどが読み取れる。

図7-1 IAEA不法取引データベースによる事例数

① 核密輸の事例

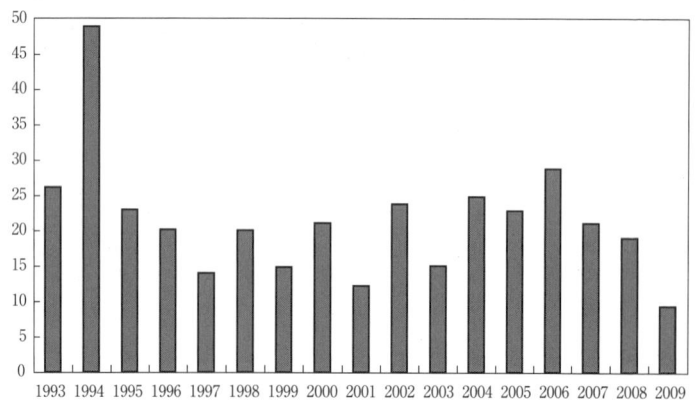

Ⅰ 核テロの概念とその背景

② 盗難・紛失の事例

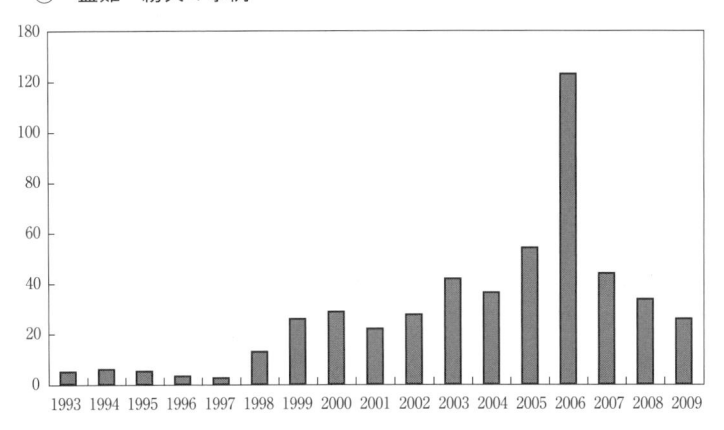

③不法投棄などの事例

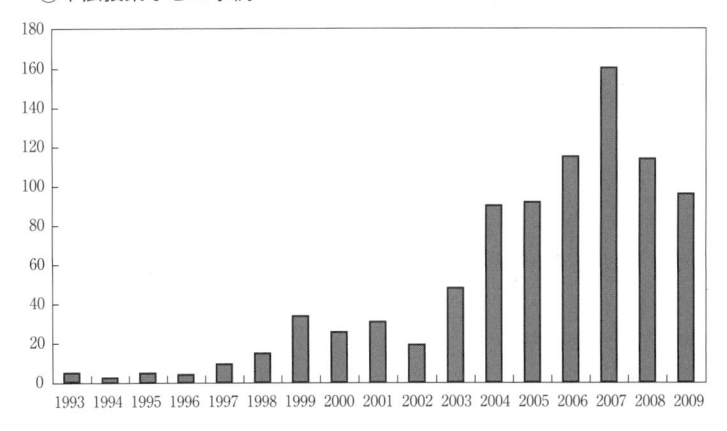

出所：IAEA ILLICIT TRAFFICKING DATABASE（I TDB）

II 核テロ防止のための国際社会の取組み

(1) 旧ソ連のルース・ニュークへの対応

米国が最初に取り組んだのは旧ソ連諸国のルース・ニューク問題であり、1991年にソ連核脅威削減法を採択し、1993年から協力的脅威削減（CTR）プログラムを実施していった。まず1990年代前半には、ソ連崩壊後に拡散したウクライナ、ベラルーシ、カザフスタンのミサイル等の廃棄支援や、これらの国からロシアへ核を移送するのに必要な防護措置などの支援を実施した。また旧ソ連諸国における核密輸が現実化する中で、これに対処するため核物質の防護および計量管理を各国に実施した。さらに旧ソ連からの「頭脳流出」を防止するため、旧ソ連の核兵器専門家・技術者の技能を平和目的に振り向けるため、モスクワに国際科学技術センターが設置され、核技術を他の国に流出させない努力が行われた。

日本も旧ソ連非核化支援に積極的に参加した。**表7-2**は、日本の対ロシア非核化支援の内容である。

1992年のG8カナナスキス・サミットは、「大量破壊兵器および物質の拡散に対するG8グローバル・パートナーシップ」を採択し、主としてロシアに対して、退役潜水艦の解体、核分裂性物質の処分、核兵器の研究に従事していた科学者の雇用などに対処する協力事業を支援するため、今後10年間に200億ドルの資金を調達することを約束した。

さらに米ロ両国は、2004年5月にグローバル脅威削減イニシアティブ（GTRI）に合意した。これは米ロ両国がかつての同盟国などに提供していた高濃縮ウランを回収し、代わりに低濃縮ウランを提供するもので、米国が費用を負担した。

表7-2 日本の対ロシア非核化支援

支援の内容	総額	開始	終了	期間
低レベル液体放射性廃棄物処理施設「すずらん」の供与	41億5,000万円	1994年8月	2001年11月	7年4カ月
ヴィクターⅢ級原潜解体	7億9,000万円	2003年12月	2004年12月	1年1カ月
ヴィクターⅠ級原潜解体	8億7,000万円	2006年9月	2008年11月	2年3カ月
ヴィクターⅢ級原潜3隻解体	31億9,000万円	2007年8月	2009年12月	2年4カ月
チャーリーⅠ級原潜解体	9億4,000万円	2008年1月	2009年4月	1年3カ月

(2) 核テロ防止のための国際的措置

まず2004年4月に国連安保理において決議1540が採択され，対テロ対応の具体的措置が決定された。この決議は大量破壊兵器等の拡散が国際の平和と安全に対する脅威であると確信し，国連憲章第7章の下における決定として採択されたため，すべての加盟国を法的に拘束するもので，国際条約と同等あるいはそれ以上の効果をもつものである。国際条約の場合加入しない国がいるが，この決議は国連加盟国すべてを拘束する。

すべての国は，①大量破壊兵器等の開発，製造，使用などを試みる非国家主体への支援を与えないこと，②非国家主体が上述の活動を行うことを禁止する効果的な法律を採択し執行すること，③大量破壊兵器等の関連物質の国内管理を確立すること，④その実施について報告することが定められている。

表7-3 核セキュリティ関連年表

1979年	核物質防護条約採択（1987年発効）
1991年	冷戦の終結，ソ連崩壊
1993年	協力的脅威削減（CTR）プログラムの開始
1994年	国際科学技術センター（ISTC）の設置
2001年	米国で同時多発テロ発生
2002年	IAEAが核セキュリティ基金を創設
2004年	グローバル脅威削減イニシアティブ（GTRI）を開始
2004年	不拡散に関する国連安保理決議1540を採択
2005年	核テロ防止条約を採択
2006年	米ロ，核テロ対抗グローバル・イニシアティブを提唱
2009年	核に関する国連安保理決議1887を採択
2010年	核セキュリティ世界サミットを開催

次に2005年4月に国連総会は核テロ防止条約をコンセンサスで採択した。この交渉は1997年から開始されていたがその後停滞し，9.11同時多発テロを契機に交渉は促進された。この条約は，核テロ行為が重大な結果をもたらすこと，国際の平和および安全に対する脅威であることを認識し，核テロ行為の防止のためおよび核テロ行為の容疑者の訴追と処罰のための効果的および実行可能な措置をとるための国際協力を強化することを目的とし，核テロ行為を国内法上の犯罪とすることを規定している。

この条約においては，放射性物質とは核物質その他の放射性を有する物質とされ，装置とは核爆発装置，放射性物質を散布しまたは放射線を発散させる装置と規定されている。したがって，条約上の犯罪である核テロとは，核爆発テロ，放射性物質を利用するテロ，原子力施設を利用したテロであり，それらを実行することのほかその脅迫や未遂も禁止に含まれる。

第3に，2005年7月には核物質防護条約の改正が採択され，核テロに対する法的な対応が大幅に拡大された。1987年に発効した

当初の核物質防護条約は、国際輸送中の核物質について警備員による監視など一定水準の防護措置の確保を義務づけるとともに、そのような防護措置がとられたとの保証が得られない限り、核物質の輸出入を許可してはならないと規定していた。また核物質の窃盗、強取など核物質に対する一定の行為を犯罪とし、犯罪者を処罰することを規定していた。これらの義務は国際輸送中に限定されていたため、国内の原子力活動についてはまったく規定していなかった。

今回の改正条約は、冷戦終結後の核密輸事件の増加などを背景として、条約の対象範囲が大きく拡大され、条約に基づく防護の義務の対象が、国内で平和利用のために使用、貯蔵、輸送されている核物質および原子力施設に拡大され、また核物質防護だけでなく核物質および原子力施設に対する妨害破壊行為も犯罪とされた。その結果、条約名も「核物質・原子力施設防護条約」に改められた。

第4に、2006年7月のG8サミットの際に米ロ両国は、核テロの脅威に国際的に対抗していくことを目的として、「核テロリズム対抗グローバル・イニシアティブ」を提唱した。同年10月の第1回会合で、G8、オーストラリア、中国、カザフスタン、トルコとともに「原則に関する声明」を採択し、自発的な措置をとっていくことを約束した。

その内容は、核物質・放射性物質の計量・管理・防護システムを開発し、改善すること、民生用原子力施設の核セキュリティを向上させること、核物質・放射性物質の不法移転を防止するため探知能力を改善すること、不法所持されている核物質・放射性物質を捜索、差し押さえ、安全に管理をする能力を確立することなど**表7-4**に示される8点の具体的措置を含んでいる。その後多くの国がこのイニシアティブに参加している。

表7-4 核テロリズム対抗グローバル・イニシアティブの8原則

1　核物質等の計量,管理,防護システムを開発し,改善する。
2　民生原子力施設のセキュリティを向上させる。
3　核物質等の不法移転を防止する探知能力を改善する。
4　不法所持された核物質等を捜索,差し押さえ,安全に管理する能力を向上させる。
5　核物質を求めるテロリストに財政的,経済的資源を与えない。
6　テロリストに対する適切な刑事責任を追及する法的・制度的枠組みを確保する。
7　テロ攻撃発生時の対応,事態緩和,調査の能力を向上させる。
8　核テロ防止のため情報共有を促進する。

III 核セキュリティ世界サミット

(1) 核セキュリティの概念

このように,主として核テロ対応として,核物質防護という初期の考えを発展させ,それ以外のさまざまな措置を含む「核セキュリティ」という用語が,9.11同時多発テロ以降徐々に使用されるようになり,今では一般的にこの用語が使用されている。その明確な定義は存在しないが,国際原子力機関(IAEA)は,2005年に検討作業用の定義として,核セキュリティとは「核物質,その他の放射性物質,あるいはそれらの関連施設に関する盗取,妨害破壊行為,不正アクセス,不法移転またはその他の悪意を持った行為に対する予防,検知および対応」であるとした。

すなわち実際に行う行為は,ある事態の発生を未然に予防し,当該事態の発生につながる動きを早期に探知し,いったん事態が起こった場合には迅速に対応することである。次に予防,検知,対応

の対象となるものは，核物質，その他の放射性物質，それらの関連施設であり，対応の対象となる事態は，それらの盗取，妨害破壊行為，不法アクセス，不法移転，その他の悪意を持った行為となっている。

(2) オバマ大統領の核セキュリティ政策

オバマ大統領は，今では「核兵器のない世界」を目指して，核軍縮を実施し，核不拡散を強化し，核セキュリティにも積極的に取組んでおり，さまざまな側面をそれぞれに強調している。しかし大統領キャンペーンが始まった2007年初期のオバマは，核兵器のない世界を主張しておらず，2007年半ばの最初の包括的な提案では，米国および世界に対する最も緊急の脅威は，核兵器・核物質・核技術の拡散，ならびに核装置がテロリストの手に入る危険であると認め，第1の措置として，「我々は，脆弱な場所にあるすべての核兵器と核物質を4年以内に厳重に保管するために世界的努力を指導しなければならない」と述べている。それに続くものとして，ロシアとの核兵器の役割の低減，CTBT批准，FMCTの交渉，核兵器技術の拡散の防止を主張している。

オバマが「核兵器のない世界」への支持を表明するのは2007年10月であり当初は核兵器のない世界よりも，核テロへの対応をより重要視していたことが分かる。オバマは上院議員時代に，ロシアのルース・ニュークへの対応のために「協力的脅威削減（CTR）」プログラムを始めたナン・ルーガーと共にロシアの実情を視察し，その後これに関する法案を提出しており，以前からこの問題に非常に高い関心をもっていた。

2009年4月のプラハ演説でも，「テロリストが決して核兵器を取得しないよう確保する必要がある。これは世界の安全保障に対する最も差し迫った最大の脅威である」と語り，① 世界中のすべての脆弱な核物質を4年以内に安全で厳重な管理に置くこと，② 闇市

場を崩壊させ、核物質の移送を阻止し、危険な貿易を途絶えさせること、③拡散防止構想（PSI）などを恒久的な国際制度に変えること、④米国は1年以内に「核セキュリティに関する地球的サミット」を開催することを提案した。

このように、オバマ大統領にとって核セキュリティの問題は、当初からきわめて重要な課題であると認識され、彼は脆弱な核物質を4年以内に厳重な管理の下に置くということを常に主張し、1年以内に核セキュリティ世界サミットを開催すると宣言していた。

(3) 世界サミットの成果と今後の課題

米国が主催する核セキュリティ世界サミットは、2010年4月12-13日にワシントンで開催され、47カ国と3国際機関が参加した。そのうち37カ国は首脳が参加し、核不拡散条約に加入していないインド、イスラエル、パキスタンも参加した。米国は、今回のサミットは、米国が開催したサミットとしては、第2次世界大戦後における国連創設以来の最大のものであると述べた。

サミットにおいては、核セキュリティ向上のための国内措置および国際措置やIAEAの役割などが議論され、各国からは、①核テロを国際犯罪として罰するための新たな国際裁判所の設置を含む法的基盤を検討すること、②核テロ防止条約や改正核物質防護条約の批准を促進し、普遍化すること、③核セキュリティ向上のための人材を育成すること、④IAEAの貢献を強化することなどが議論された。

サミットで採択されたコミュニケでは、核テロは国際安全保障への最も挑戦的な脅威の1つであること、すべての脆弱な核物質の管理を4年以内に徹底するというオバマ大統領の呼びかけを歓迎し、これに参加することが最初に確認され、コミュニケおよび作業計画で具体的政策が列挙されている。

Ⅲ 核セキュリティ世界サミット

表7-5 核セキュリティ世界サミットのコミュニケ

前文　核テロは国際安全保障に対する最も挑戦的な脅威の1つであり，すべての脆弱な核物質の管理を4年以内に徹底するというオバマ大統領の呼びかけを歓迎し参加する。

1　核物質や原子力施設に対する効果的なセキュリティの維持については国家に責任がある。
2　核セキュリティの向上のため国際社会として協調的に行動する。
3　高濃縮ウランとプルトニウムには特別な予防措置が必要であり，高濃縮ウランの使用を最小限にする。
4　既存の国際約束を完全に履行し，未加入国の早期加入のため行動する。
5　改正核物質防護条約と核テロ防止条約を支持する。
6　IAEAの重要な役割を再確認し，核セキュリティに必要な資源などを確保する。
7　国連および核テロ対抗グローバル・イニシアティブ等の貢献を確認する。
8　核セキュリティの能力育成とその文化の促進のための協力の必要性を認識する。
9　核物質の不正取引防止のための協力の必要性を認識する。
10　民間を含む原子力産業界の役割を認識する。
11　原子力の平和利用の権利を侵害しない核セキュリティの実施を支持する。
12　放射線源についても管理するよう奨励する。

まず，核物質および原子力施設に対する効果的なセキュリティの維持につき国家に基本的な責任があること，核セキュリティの向上のため国際社会として協調的に作業すること，核セキュリティのための効果的な国内法令を制定することなどが合意されている。国際条約については，改正核物質防護条約，核テロ防止条約および国連安保理決議1540の完全履行などが要請されている。特に危険と考えられる高濃縮ウランとプルトニウムについては特別な予防措置の

必要性が認識され,高濃縮ウランではなく低濃縮ウランを使用することが奨励されている。

このように世界中の首脳が一堂に会し,オバマ大統領の強力なリーダーシップの下で,核セキュリティの重要性に関する基本的認識を共有し,勧告されているさまざまな措置を実施していくことが約束されたことは,大きな意義をもつものである。たとえばサミットにおいて,カナダ,ウクライナ,チリの首脳は保有する高濃縮ウランを放棄する意思を表明した。また米ロ外相間でも余剰のプルトニウムを処分する協定が署名された。日本は,アジアにおける核セキュリティの向上のため,支援策として人材育成や訓練などを行うアジア総合支援センターを2010年中に設置することを約束した。

サミットを契機として核セキュリティ向上のための措置がさまざま取られているのが現状であるが,ここでの約束は法的なものではなく,政治的な勧告であるので,今後どれだけ実現されていくかが大きな課題となっている。2012年には次回のサミットが韓国で開催されることが決定しているが,今回の合意がどこまで実現されていくのか,その後韓国でのサミットでどのような新たな措置に合意されるのかが重要になってくる。

● 今後の課題 ●

1　各国内の核物質等の管理体制を強化する。
2　他国の核物質等の管理体制強化への支援を行う。
3　核テロの根本的問題解決に協力する。

第8章
核兵器の廃絶に向けて
―核兵器のない世界―

第8章　核兵器の廃絶に向けて

本章のねらい

　本章の目的は，核兵器の廃絶という目標に向けて，これまでどういう努力がなされてきたか，今後どうすべきかを考えることである。まず核兵器廃絶に向けて，特にオバマ大統領の主張する「核兵器のない世界」の考えについて，NPT 再検討プロセスでどのような議論が行われているのか，また核廃絶に関して最近どのような提案がなされているのかを検討する。次にその主要な手段として考えられている核兵器禁止条約に関して，NGO が作成したモデル核兵器禁止条約を分析するとともに，2010 年 NPT 再検討会議でどのような議論が行われ，最終的に何が合意されたのかを考察する。最後に，国際社会の平和と安全保障を維持しながら核兵器のない世界を達成するためには何が必要かを考える。そのためまず核兵器廃絶への反対論を紹介し，国際社会の構造の改善と同時進行的に核兵器廃絶に進む道を考える。

Ⅰ 核兵器廃絶への動き

(1) NPT 再検討プロセスにおける動き

1995年の会議はNPT再検討・延長会議として開催され，NPTの無期限延長が決定されるとともに，「核不拡散と核軍縮の原則と目標」に関する文書が採択された。この文書は，締約国が今後取るべきさまざまな措置を含むものであり，核軍縮については，① 包括的核実験禁止条約（CTBT）の交渉を1996年内に完成させること，② 兵器用核分裂性物質生産禁止条約（FMCT）の交渉を即時開始し早期に締結すること，さらに ③ 核兵器廃絶という究極的目的をもち核兵器を世界的に削減する組織的で漸進的努力を核兵器国が決意をもって追求すること，を規定している。

この時期に，核兵器廃絶という用語が国際文書に挿入されたことだけでも画期的なことであったが，ここでは「核兵器廃絶という究極的目的」という文言であり，また ③ 項の勧告の中心は，「核兵器を削減する努力を核兵器国が追求する」というものである。この中心的な勧告も，「核兵器を削減する」ではなく，「その努力を追求する」ときわめて間接的な非常に内容が薄められたものになっている。

核兵器廃絶については，これは「究極的目的」であって，いつかはまったく分からないが遠い将来に，究極的に達成されるべきものとされている。これに対して，究極的という用語は核廃絶を非常に遠い将来に押しやってしまうもので，廃絶を推進する点からは逆効果であるという批判も存在した。

2000年のNPT再検討会議では，7つの非核兵器国で構成される新アジェンダ連合（NAC）が画期的な提案を行い，最終文書の作成過程において5核兵器国と直接交渉を行い，最終文書の作成に中心

的な役割を果たした。NAC 提案の第 1 は「その核兵器の廃絶を達成するという核兵器国による明確な約束，および次回 NPT 再検討期間である 2000-2005 年に加速された交渉プロセスに取り組み，すべての当事国が第 6 条の下でコミットしている核軍縮に導くような措置をとることの明確な約束」であった。

核兵器国は一般的にその要求に反対し，フランスとロシアは最後まで反対したが，最終的には，後半の部分を削除して「その核兵器の廃絶を達成するという核兵器国による明確な約束」に会議は合意した。2000 年の最終文書はコンセンサスで採択され，核軍縮については，13 項目にわたる核軍縮措置に合意が見られた。NAC 提案ではこの「核廃絶の明確な約束」はその他の具体的核軍縮措置の総論的なものとして最初に置かれていたが，核兵器国の反対もあり，最終的には 6 番目に置かれ，形式的には他の措置と同等の取り扱いになっている。

1995 年に初めて核兵器廃絶の言葉が挿入されたが，それは究極的目的であり，それに対する批判が存在し，2000 年には「核廃絶の明確な約束」に合意され，5 核兵器国は政治的宣言ではあるが，核兵器を廃絶するという明確な約束を行ったのである。

2010 年 NPT 再検討会議の議論には，オバマ大統領の強力なリーダーシップと彼の主張する「核兵器のない世界」が大きな影響を及ぼした。最終文書では，核兵器の廃絶を達成するという核兵器国の明確な約束を再確認するとともに，すべてのためのより平和な世界を求め，核兵器のない世界における平和と安全を達成することを決議している。さらに，行動計画の第 1 として，「すべての当事国は，条約および核兵器のない世界を達成するという目的に完全に一致した政策を追求することにコミットする」と規定している。

2005 年の NPT 再検討会議では，米国とフランスが「核廃絶の明確な約束」を含め 2000 年のすべての核軍縮の合意はもはや無効であると主張していたので，2010 年の会議は 2000 年合意の再確認を

行う必要があった。会議はそれを超えて,「核兵器のない世界の達成」が議論の中心となり,この概念がすべての国に受け入れられるものとなった。

(2) 核兵器廃絶の諸提案

さまざまな提案が出されているが,最近の一番重要なものは,2007年1月に4人の米国元高官がウォール・ストリート・ジャーナルに掲載した「核兵器のない世界」の提案である。ジョージ・シュルツ,ヘンリー・キッシンジャー,ウィリアム・ペリー,サム・ナンは,核抑止は今では有害になっており,効果も減少している,北朝鮮やイランのように新しい危険な核時代になっており,テロリストが核をもつ危険があるが,彼らには抑止は効かないので,核兵器国の指導者が核兵器のない世界という目的を追求するよう米国は働きかけるべきであると主張した。

この提案は,一連の緊急の措置として,警戒態勢解除,核兵器の大幅削減,短距離核兵器の廃棄,CTBTの批准など8項目を同時に提案している。しかし,この提案はその後の段階的な進展については詳しく述べていないし,いつまでに核兵器を廃絶するかという問題にも触れていない。

この提案は,特に上記の4人が主張しているということで,大きな注目を引くものとなった。この4人は国務長官,国防長官,上院軍事委員会委員長の経験者であり,冷戦期には,米国の安全保障にとって核兵器は不可欠であると主張し,核抑止論を打ち立て,強化してきた人々であるからである。また2人は共和党であり他の2人は民主党で超党派の主張となっている。

その後,2007年10月にはこの提案は大統領選挙運動中のオバマ氏の受け入れるところとなった。この4人は,2008年1月にも「非核世界に向けて」と題する提案を同紙に掲載した。核兵器のない世界の追求は民主党の政策綱領でも取り入れられて,民主党の政策

となり，大統領に選出されたオバマは，2009年4月のプラハ演説で明確に核兵器のない世界における平和と安全を追求すると述べた。その意味でこの4人の提案は米国の新政権に完全に採り入れられ，実施されている状況である。

第2に，2008年8月に日豪政府のイニシアティブで設置された「核不拡散・核軍縮国際委員会（ICNND）」は，ギャレス・エバンス元外相と川口順子元外相を共同議長とし15名の委員から構成され，2009年12月に「核の脅威を除去する―世界の政策決定者のための実際的な議題」と題する報告書を提出した。2012年までにとる短期的措置と2025年までにとる中期的措置を勧告しているが，2025年を核兵器の最小化地点と名づけ，世界の核兵器を2,000以下に削減すること，核兵器の先行不使用政策を採択し，それに見合った核態勢を実現することを勧告している。

しかし最小化地点からゼロに至る期限は示されておらず，長期的措置としては，戦争・侵略の可能性が小さくなり核抑止が不要となるための政治的要件の創出，核抑止力の維持を正当化する軍事問題（通常戦力の不均衡，ミサイル防衛）の解決，核兵器禁止にかかわる違反を探知しうる強固な検証能力の構築と違反の処罰化などが規定されている。

その意味で，この報告書は2025年までに取るべき諸措置を勧告するとともに，2012年までに取るべき措置に重点を置いており，2010年開催のNPT再検討会議を視野にいれたものとなっている。その意味で2025年以降は，報告書の中において今後の課題として取り扱われている。ただ，以下に説明するモデル核兵器禁止条約については，さらに洗練し発展させ，できるだけ実行可能で現実的なものとする作業を開始すべきで，十分完成した草案を作成すべきことを勧告している。

第3に，2008年12月にパリで発足したグローバル・ゼロは，特定期日までに世界規模で核兵器を廃棄する法的拘束力ある検証可能

な協定を目指すとしたグローバル・ゼロ宣言を採択したが、そこにはゴルバチョフ元ソ連大統領、カーター元米大統領などの国家元首、外務大臣などを含む250人以上が賛同者として含まれていた。2009年6月29日に発表された「グルーバル・ゼロ行動計画」は、2030年までに4段階で核兵器を廃絶しようとするもので、その具体的な内容は**表8-1**に示されている通りである。

第4に、世界150ヵ国・地域の4,500以上の都市が加盟している平和市長会議は、2020年までの核兵器廃絶を目指す「2020ビジョン（核兵器廃絶のための緊急行動）」を世界的に展開している。その一環として2008年4月、核兵器廃絶に向けて各国政府等が遵守すべきプロセスなどを定めた「ヒロシマ・ナガサキ議定書」を発表した。それは、核兵器の取得や配備等の即時停止、核兵器廃絶のための誠実な交渉開始、2015年までに核兵器の取得や配備等を禁止す

表8-1 グローバル・ゼロによる「グローバル・ゼロ行動計画」

第1段階 （2010-2013）	・米ロの核弾頭をそれぞれ1,000に削減する2国間条約を交渉する（2018年までに履行）。 ・多国間交渉を準備する。
第2段階 （2014-2018）	・他のすべての核兵器国が2018年まで凍結することを前提に、米ロはそれぞれ500に削減し（2021年までに履行）、他の核兵器国は2021年まで比例して削減する。 ・包括的な検証・強制制度を設置する。 ・民生用核燃料サイクルの保障措置を強化する。
第3段階 （2019-2023）	・2030年までにすべての核兵器をゼロとするため、段階的で検証され比例した削減のため、すべての核能力国に署名される世界的ゼロ協定を交渉する。
第4段階 （2024-2030）	・2030年までに、すべての核兵器をゼロとするため、段階的で検証され比例した解体を完成させ、包括的検証・強制制度を継続する。

る条約の締結，2020年までに核兵器の廃絶と生産，運搬，発射等のシステムの廃止を達成するという道筋を示している。

II 核兵器禁止条約に向けての動き

(1) モデル核兵器禁止条約

1995年のNPT再検討・延長会議の際に，NGOの間で核兵器禁止条約を制定する必要が認識され，モデル核兵器禁止条約起草委員会が形成された。その翌年，1996年7月に国際司法裁判所が，核兵器の使用の合法性に関して勧告的意見を出した。その意見の中心は核兵器の使用の合法・違法に関するものであり，裁判所は，核兵器の使用は国際人道法に一般に違法すると述べ，ただ極端な自衛の場合には合法か違法か結論できないと述べた。

それに続いて，裁判所はこの問題の根本的解決は核廃絶にあるとしつつ，NPT第6条に規定された核軍縮交渉の誠実な義務には，交渉するだけでなくそれを完結させる義務が存在するという意見を述べた。この意見はモデル条約を作成する動きにきわめて大きな前向きのインパクトを与えるものであった。

1997年4月，核戦争防止国際医師会議（IPPNW），国際反核法律家協会（IALANA），拡散反対技術者・科学者国際ネットワーク（INESAP）の連名で，「モデル核兵器禁止条約」が発表された。これは同年10月にコスタリカにより国連に提出され，国連文書として各国に示された。その10年後，2007年にモデル核兵器禁止条約の改訂版が上記の3団体の連名で発表され，これもまたコスタリカにより，国連に提出され，国連文書となっている。

このモデル条約では，核兵器の開発，実験，生産，貯蔵，移譲，使用，使用の威嚇が禁止され，核兵器を保有する国はすべてを廃棄

するよう要求される。条約はまた兵器に使用可能な核分裂性物質の生産を禁止し，運搬手段を廃棄することを要求している。モデル条約は数十頁にわたるもので，核兵器・核物質などの申告，5段階による廃棄，検証，国内実施措置，個人の権利と義務，機関，核物質，紛争解決，他の協定との関係，財政などにわたり，詳細に規定している。

表8-2に示されているように，核兵器の廃棄に関しては5段階にわたる諸措置が規定されている。しかしそれは厳格な時間的枠組みを主張するものではなく，一応の時間的目安を含んでいるがそれは暫定的であり，削減の数字も暫定的なものであり，すべて［　］付きで示されている。

表8-2　モデル核兵器禁止条約による核兵器の段階的廃棄

第1段階 ［1年］	・核兵器運搬手段の照準・航行情報を取り除く ・核兵器の警戒態勢を解除する
第2段階 ［2年］	・核兵器と運搬手段を配備地から取り除く ・核弾頭を運搬手段から取り外す
第3段階 ［5年］	・米ロに［1,000］以下，中仏英に［100］以下を除いて，すべての核兵器を廃棄する ・すべての運搬手段は廃棄される
第4段階 ［10年］	・米ロに［50］以下，中仏英に［10］以下を除いて，すべての核兵器を廃棄する ・すべての兵器用核分裂性物質を厳格な防止的管理の下に置く
第5段階 ［15年］	・すべての核兵器の廃棄

出所：Securing our Survival (SOS), The Case for a Nuclear Weapon Convention, 2007

(2) 2010年NPT再検討会議での議論

この会議において，非同盟諸国は，核兵器の全廃のみが核兵器の使用または使用の威嚇に対する絶対的な保証であり，核兵器国は2000年の核廃絶の明確な約束を履行すべきであり，核兵器禁止条約を含む，特定の時間的枠組みによる核兵器の完全な廃絶のための段階的な計画の交渉を始めるべきであると主張し，「核兵器廃絶のための行動計画の要素」という文書を提出した。表8-3に示されているように，非同盟諸国は3段階で2025年までに核兵器を廃絶することを主張している。

2010年のNPT再検討会議においては，非同盟諸国およびNGOの間において，核兵器禁止条約に関する議論がどのように展開され，どのような成果が最終文書に含まれるかということが1つの焦点となっていた。これまでの再検討プロセスにおける合意文書では，核兵器禁止条約にはまったく言及されていなかったからである。非同盟諸国は核兵器禁止条約の交渉を開始すべきであると提案したが，この提案にはスイス，オーストリア，ノルウェーなども支持を表明

表8-3 非同盟諸国による「核兵器廃絶のための行動計画」

第1段階 2010-2015	・核の脅威を低減する措置――FMCTの締結，CTBTの早期発効，安全保障政策における核兵器の役割の排除，消極的安全保証条約，核兵器使用禁止条約 ・核廃絶のための措置――2000年合意の完全な履行，核兵器の一層の削減，核分裂性物質生産モラトリアム
第2段階 2015-2020	・核兵器を削減し国家間の信頼を促進する措置――核兵器廃絶条約の発効と多国間検証制度の設立，核兵器の運搬手段からの分離，核兵器の国際監視，ミサイルの削減
第3段階 2020-2025	・核兵器のない世界の強化に向けての措置――すべての核兵器を廃棄する条約の完全な履行

出所：NPT/CONF. 2010/WP. 47, 28 May 2010

した。

 その背景の1つにパン・ギムン国連事務総長の提案が存在している。彼は2008年10月に講演を行い,核軍縮に関する5項目の提案を行った。その第1項目において,「すべての国,特に核兵器国は軍縮交渉に入る要請を履行すべきであり,それは別個の相互に補強しあう諸文書の枠組みへの合意でありうるし,強固な検証制度に支えられた核兵器禁止条約の交渉を検討することもできよう」と述べた。

 核兵器国はもちろん反対を表明し,たとえば米国は,「核兵器禁止条約または特定の諸措置のタイムテーブルについては,その見解に同意し得ない。それは近い将来達成できないし,我々がとるステップ・バイ・ステップの現実的な代替とはなりえない」と反対している。

 最終文書においては,行動計画の「B核兵器の軍縮」のiiiにおいて,すべての国は核兵器のない世界の達成・維持に必要な枠組みを設置する努力の必要を承認するという文章に続いて,「会議は核兵器禁止条約に関する交渉の検討を提案している国連事務総長の5項目提案に注目する」という形で,核兵器禁止条約が明示されることになった。

 このように,核兵器禁止条約が初めてNPT再検討プロセスの国際合意文書の中で言及されたことで,これまでとは異なり,核兵器禁止条約に関する公式の議論も開始されることになり,さまざまな議論が展開されることになるであろう。またNGOもこれまで以上に積極的にこの問題を議論し,さまざまな提案を出すとともに,各国政府にこの問題への積極的な対応を要求するようになると考えられる。

第8章　核兵器の廃絶に向けて

Ⅲ　核兵器廃絶と国際平和

(1) 核兵器廃絶への反対論

　核兵器の廃絶に反対する第1の議論は，核兵器は抑止を通じて米国に安全を提供しており，我々の拡大抑止により世界の重要な地域の平和に貢献しているのであるから，核兵器を廃絶することは好ましくないというものである。平和は我々の強さを通じて来るのであるから，我々が核兵器を維持し続ける方が好ましいと主張されている。

　第2の議論は，主権国家が並存する世界において，核廃絶を検証することや違反して核兵器を保有することを防止できないので，核兵器の廃絶は不可能であるというものである。我々は核兵器を放棄するが他国が保有することがあるという深刻な危険があるので，それは不可能であると主張されている。

　第3に，核兵器廃絶は核不拡散体制を強化しないという点からの反対論がある。すべての核兵器を廃絶するという目標は逆効果であって，核兵器を持とうとする国は米国の政策に関係なく持つであろうから，それは不拡散に実体的な進展をもたらさないばかりか，米国の拡大抑止によって守られている国が自国の核兵器を保有することの動機を生み出すものであると主張されている。

　このように，核兵器が核兵器国の平和のみならず世界の平和にも貢献してきたので，廃絶することは好ましくなく，主権国家が並存する国際社会においてはその実施は不可能であるし，核不拡散には役立たずかえって拡散を助長するものであると批判されている。したがって，核兵器の廃絶を目指す場合にはこれらの反対論を心に留めて議論を進める必要がある。

(2) 核廃絶への行動と国際社会構造の改善

　核兵器の廃絶に向けての行動として第1に実施されるべきことは，2010年NPT再検討会議の最終文書に含まれている核兵器禁止条約の議論を積極的に進めることである。すでにモデル核兵器禁止条約が存在しており，非同盟諸国による行動計画もあり，また専門家によるいくつかの具体的提案も提出されているので，それらを基礎に議論を活発に行うことで，問題点が一層明確になるであろうし，その問題点の解決のために努力することが必要であろう。

　核兵器禁止条約の議論で最も困難だと思われるのは，時間的枠組みの決定であり，特にいつまでに核兵器を廃絶するかに合意することである。核兵器国は一般に時間的枠組みに強く反対している。その場合に考えられるのは，最終的な廃絶の時期は含んでいないが，核兵器を廃絶することを明確に約束する条約，すなわち核兵器廃絶枠組み条約を検討することである。具体的な核軍縮措置はその議定書として作成を進めるが，それは核兵器を廃絶するという明確な法的拘束力ある約束の枠組みの中で行うものである。これは環境に関する条約で実際行われているものである。

　最後の問題は，核兵器のない世界というのは，現在の世界から核兵器が消滅しただけの世界なのか，あるいは核兵器が消滅しているような世界は現在の世界とはまったく異なる世界なのかというものである。上記の反対論は，現在と同じ世界で核兵器だけをなくすことの困難さを指摘している。また同じ考えからの反対論として，世界が紛争もなくまったく平和な時代になって初めて核兵器の廃絶は可能であるという主張がある。

　核兵器禁止条約の議論は，国際社会構造を改善する努力と並行して進められるべきである。世界がまったく平和な時代になるまで核廃絶を待つ必要はないが，今の国際社会そのままでは，核廃絶の達成もそれほど簡単ではないと思われる。

第8章 核兵器の廃絶に向けて

　核廃絶努力と並行してとられるべき第1の措置は，国際社会における武力行使の禁止の法規範を強化することである。国連憲章第2条4項において武力の行使およびその威嚇は一般に禁止されており，自衛の場合のみ限定的な武力行使が認められているのであるから，各国がその法規範を遵守するよう国際社会は努力すべきである。

　第2にそれと表裏一体であるが，国際紛争を平和的に解決するためのメカニズムを整備すべきである。紛争を軍事力ではなく話し合いや仲介，調停さらに国際裁判で解決する方向に努力すべきである。特に国際司法裁判所の強制管轄権を拡大していくことが必要であろう。第3は，国際社会において違反国に対して厳格に対応できる体制を整えるべきであろう。これは国連の集団的安全保障の強化でもありうる。

　これらの措置はすべて，国際社会を「力の支配」から「法の支配」へと移行させることである。核兵器を中心とする軍事力に依存する社会から，各国の協力による平和的手段に依存する社会への移行であり，軍縮，武力行使の禁止，紛争の平和的解決，集団的安全保障は相互依存的なものであり，1つの領域における進展が他の領域における進展を促進するものであるので，核兵器廃絶の努力とともにこれらの努力が並行して行われるべきである。

● 今後の課題 ●

1　核兵器禁止条約の議論を発展させる。
2　核兵器禁止枠組み条約の交渉を開始する。
3　国際社会構造の改善に取り組む。

■ 索　引 ■

CTBT …… *14, 16, 18, 52, 54, 56, 64*
CTBTの発効 ………………………… *67*
FMCT ……… *18, 52, 54, 56, 72, 123*
IAEA … *44, 46-49, 107, 110, 116, 118*
ICBM（大陸間弾道ミサイル）…… *6, 7, 10, 25, 33, 34*
NAC ……………………… *15, 123, 124*
NATO ………… *6, 38, 39, 43, 88, 98*
NPT ………………………… *9, 43, 101*
NPT再検討会議 …… *32, 51-54, 123, 124, 126, 130*
SLBM（潜水艦発射弾道ミサイル）
　………………… *7, 11, 23, 25, 33, 34*
SORT条約 …………………… *15, 24, 27*
START条約 ………… *13, 23, 24, 49*
START条約議定書 ……………… *24*

あ　行

アフリカ非核兵器地帯 …………… *83*
アルゼンチン ……………………… *79*
イスラエル ………… *14, 18, 45, 56, 57*
イラク ……………………………… *14, 46*
イラン ……………………… *49-51, 55, 57*
インド ……………… *14, 18, 45, 56, 57, 65*
英　国 ……………………………… *19*
欧　州 ……………………………… *88*
オバマ大統領 …… *16, 17, 30, 32, 36, 49, 50, 53, 54, 69, 72, 99, 100, 102, 117-120, 124-126*

か　行

核軍備管理 ………………………… *10, 11*
拡散防止構想（PSI）……………… *118*
核実験モラトリアム ……… *64, 67, 70*
核セキュリティ ………………… *109, 116*
核セキュリティ世界サミット …… *116*
核態勢見直し … *15, 18, 28, 53, 100, 102*
核テロ ……………………………… *107*
核テロ対抗グローバル・イニシア
　ティブ ……………………… *115, 119*
核テロ防止条約 ……… *114, 118, 119*
核の闇市場 ……………………… *107, 109*
核不拡散・核軍縮国際委員会
　（ICNND）……………………… *99, 126*
核不拡散条約（NPT）…… *9, 43, 101*
核不拡散と核軍縮の原則と目標
　……………………… *51, 52, 102, 123*
核物質防護条約 … *114, 115, 118, 119*
核兵器禁止条約 …… *54, 130, 131, 133*
核兵器国 …………………………… *9, 43*
核兵器使用禁止条約 ……………… *96*
核兵器のない世界 …… *16, 17, 30, 54, 124, 125, 131*
核兵器廃絶 ……… *123, 124, 130, 132*

勧告的意見 ……………… 93, 94
北大西洋条約機構（NATO）… 6, 38,
　　　　　　　　　39, 43, 88, 98
北朝鮮… 14, 18, 45, 46, 48, 49, 55, 57
キューバ危機 ……………… 7, 8, 78
協力的脅威削減（CTR）…… 112, 117
グローバル脅威削減イニシアティ
　ブ（GTRI）……………………… 112
グローバル・ゼロ ………… 126, 127
検　証 ………… 29, 35, 36, 66, 132
現地査察 …………… 8, 13, 26, 35, 66
国際監視制度 ……………………… 66
国際原子力機関（IAEA）…… 44, 46,
　　　　　　　47-49, 107, 116, 118
国際司法裁判所（ICJ）……… 64, 80,
　　　　　　　　　　93-95, 128
国際人道法 ……………… 94-97, 128
国連安保理 ……………………… 49, 50
国連安保理決議1540 ……… 113, 119
国連総会 ……………………… 5, 93
ゴルバチョフ ……………… 11, 12, 23

さ　行

再検討会議 … 32, 51-54, 123-126, 130
査　察 ……………………………… 74
自　衛 ……………………………… 95, 96
集団の安全保障 ………………… 134
柔軟反応戦略 ……………………… 10
重爆撃機 …………… 23, 25, 33, 34
消極的安全保証 ……… 52, 54, 72, 77,
　　　　　　　　80, 82, 85, 101-103

新アジェンダ連合（NAC）… 52, 123,
　　　　　　　　　　　　124
新戦略兵器削減条約
　（新START条約）……… 17, 24, 30,
　　　　　　　　　　　53, 54
生産モラトリアム ……………… 71
世界保健機関（WHO）…………… 93
セミパラチンスク条約 ………… 84
先行不使用（no first use）…… 97-99,
　　　　　　　　　　　126
戦術核兵器 ……………… 13, 14, 37, 88
戦術兵器 ……………………… 23
潜水艦発射弾道ミサイル
　（SLBM）……… 7, 11, 23, 25, 33, 34
戦略の安定性 ……………………… 10
戦略攻撃兵器制限暫定協定 …… 9, 10
戦略攻撃兵器制限条約 ………… 9, 11
戦略攻撃力削減条約（SORT条約）
　……………………… 15, 24, 27
戦略の安定性 …………………… 11, 25
戦略兵器 ……………………… 23
戦略兵器削減交渉（START）…… 11
戦略兵器削減条約（START条約）
　……………………… 13, 23, 24, 29
戦略兵器制限交渉（SALT）……… 10
戦略防衛構想（SDI）……… 11-13, 23
相互確証破壊 ……………………… 10
SORT条約 ……………… 15, 24, 27

た　行

第5福龍丸 ………………………… 63

索　引

対弾道ミサイル（ABM）条約 …… *9, 10, 28*

第 2 次戦略兵器削減条約
（START II 条約）…………… *14, 26*

大陸間弾道ミサイル（ICBM）… *6, 7, 10, 25, 33, 34*

大量報復戦略 ………………………… *6*

ダーティ・ボム（汚い爆弾）…… *107, 108*

中央アジア非核兵器地帯 ………… *84*

中距離核戦力（INF）………… *11, 12*

中距離核戦力（INF）条約 ……… *12*

中　国 …………………………… *19, 99*

中　東 ……………………………… *86*

追加議定書 ………………… *47, 48, 52*

通常兵器迅速世界的攻撃（CPGS）
………………………………… *34*

東南アジア諸国連合（ASEAN）… *82*

東南アジア非核兵器地帯 ………… *81*

トラテロルコ条約 ………………… *78*

な　行

ならずもの国家 ………… *102, 109*

2020 ビジョン ………………… *127*

は　行

パキスタン… *14, 18, 45, 56, 57, 73, 74*

パン・ギムン ………………… *131*

バンコク条約 ………………… *81*

非核化支援 ………………… *112, 113*

非核兵器国 …………………… *9, 43, 44*

非核兵器地帯 ……………… *77, 103*

非戦略兵器 ……………… *23, 37, 38*

非同盟諸国 ………………… *130, 133*

ヒロシマ・ナガサキ議定書……… *127*

封じ込め政策 ………………… *6*

ブッシュ，ジョージ W. ……… *15, 16, 27, 69, 102*

部分的核実験禁止条約（PTBT）
………………………… *8, 9, 63*

ブラジル …………………………… *79*

プラハ演説 ……………… *17, 117, 126*

フランス …………………………… *19, 64*

武力行使の禁止 …………………… *134*

紛争の平和的解決 ………………… *134*

兵器用核分裂性物質生産禁止条約
（FMCT）…… *18, 52, 54, 56, 72, 123*

平和市長会議 ……………………… *127*

ペリンダバ条約 …………………… *83*

包括的核実験禁止条約（CTBT）
…… *14, 16, 18, 52, 54, 56, 64, 123*

包括的核実験禁止条約機関
（CTBTO）………………… *66*

放射性物質 …………… *107-109, 114*

北東アジア ………………………… *87*

保障措置……………………… *44, 46, 48*

ホットライン（直接通信線）協定　*8*

ま　行

ミサイル防衛 ………… *27, 32, 39, 72*

南アジア …………………………… *87*

南アフリカ ………………………… *83*

137

南太平洋非核地帯 ……………… 80
未臨界核実験 …………………… 66
メドベージェフ …………… 30, 32, 36
モデル核兵器禁止条約 …… 126, 128
　　　　　　　　　　　　　129, 133
モンゴル ………………………… 85

　　　　　や　行

抑　止 …………………………… 132

　　　　　ら　行

ラテンアメリカ非核兵器地帯 …… 78

ラロトンガ条約 ………………… 80
ルース・ニューク ………… 109, 112
レーガン ………………………… 11, 23
6者協議 ………………………… 48, 55

　　　　　わ　行

枠組み合意 ……………………… 48
ワルシャワ条約機構（WTO）… 6, 98

〈著者紹介〉

黒澤　満（くろさわ　みつる）

1945 年生まれ
元大阪大学大学院国際公共政策研究科教授
現在，大阪女学院大学教授，日本軍縮学会会長

〔主要著書〕
『現代軍縮国際法』1986 年，西村書店
『軍縮国際法の新しい視座』1986 年，有信堂
『核軍縮と国際法』1992 年，有信堂
『新しい国際秩序を求めて』（編著）1994 年，信山社
『太平洋国家のトライアングル』（編著）1995 年，彩流社
『軍縮問題入門』（編著）1996 年，東信堂
『国際関係キーワード』（共著）1997 年，有斐閣
『核軍縮と国際平和』1999 年，有斐閣
『軍縮をどう進めるか』2001 年，大阪大学出版会
『軍縮国際法』2003 年，信山社
『大量破壊兵器の軍縮論』（編著）2004 年，信山社
『軍縮問題入門(新版)』（編著）2005 年，東信堂
『核軍縮と世界平和』2011 年，信山社

〈現代選書06〉

核軍縮入門

2011年(平成23年) 7月25日　第1版第1刷発行
3286-8-012-020-002-1800e

著　者　©黒　澤　　満
発行者　　今井　貴・稲葉文子
発行所　　株式会社 信 山 社

〒113-0033　東京都文京区本郷 6-2-9-102
Tel 03-3818-1019　Fax 03-3818-0344
笠間来栖支店　〒309-1625 茨城県笠間市来栖 2345-1
Tel 0296-71-0215　Fax 0296-72-5410
笠間才木支店　〒309-1600 茨城県笠間市才木 515-3
Tel 0296-71-9081　Fax 0296-71-9082
出版契約　2011-7-3286-8-01011
Printed in Japan, 2011, 黒澤満

印刷・ワイズ書籍(本文・付物)　製本・渋谷文泉閣 p.152
ISBN978-4-7972-3286-8 C3332 ¥1800E 分類50-329.401-a001
3286-01011:012-020-002《禁無断複写》

JCOPY〈(社)出版者著作権管理機構　委託出版物〉
本書の無断複写は著作権法上での例外を除き禁じられています。複写される場合は，
そのつど事前に，(社)出版者著作権管理機構(電話03-3513-6969, FAX03-3513-6979,
e-mail: info@jcopy.or.jp)の許諾を得てください。

「現代選書」刊行にあたって

　物量に溢れる，豊かな時代を謳歌する私たちは，変革の時代にあって，自らの姿を客観的に捉えているだろうか。歴史上，私たちはどのような時代に生まれ，「現代」をいかに生きているのか，なぜ私たちは生きるのか。

　「尽く書を信ずれば書なきに如かず」という言葉があります。有史以来の偉大な発明の一つであろうインターネットを主軸に，急激に進むグローバル化の渦中で，溢れる情報の中に単なる形骸以上の価値を見出すため，皮肉なことに，私たちにはこれまでになく高い個々人の思考力・判断力が必要とされているのではないでしょうか。と同時に，他者や集団それぞれに，多様な価値を認め，共に歩んでいく姿勢が求められているのではないでしょうか。

　自然科学，人文科学，社会科学など，それぞれが多様な，それぞれの言説を持つ世界で，その総体をとらえようとすれば，情報の発する側，受け取る側に個人的，集団的な要素が媒介せざるを得ないのは自然なことでしょう。ただ，大切なことは，新しい問題に拙速に結論を出すのではなく，広い視野，高い視点と深い思考力や判断力を持って考えることではないでしょうか。

　本「現代選書」は，日本のみならず，世界のよりよい将来を探り寄せ，次世代の繁栄を支えていくための礎石となりたいと思います。複雑で混沌とした時代に，確かな学問的設計図を描く一助として，分野や世代の固陋にとらわれない，共通の知識の土壌を提供することを目的としています。読者の皆様が，共通の土壌の上で，深い考察をなし，高い教養を育み，確固たる価値を見い出されることを真に願っています。

　伝統と革新の両極が一つに止揚される瞬間，そして，それを追い求める営為。それこそが，「現代」に生きる人間性に由来する価値であり，本選書の意義でもあると考えています。

2008年12月5日　　　　　　　　　　　　　　　信山社編集部